柔道训练基础研究

金淑娇◎著

吉林文史出版社

图书在版编目(CIP)数据

柔道训练基础研究 / 金淑娇著. -- 长春 ：吉林文史出版社, 2022.10
ISBN 978-7-5472-9095-8

Ⅰ. ①柔… Ⅱ. ①金… Ⅲ. ①柔道－运动训练 Ⅳ.
①G886.42

中国版本图书馆 CIP 数据核字(2022)第 193068 号

ROUDAO XUNLIAN JICHU YANJIU

书　　名 柔道训练基础研究
作　　者 金淑娇
责任编辑 董　芳
出版发行 吉林文史出版社有限责任公司
地　　址 长春市福祉大路 5788 号
印　　刷 北京四海锦诚印刷技术有限公司
开　　本 185mm×260mm 1/16
印　　张 11.75
字　　数 266 千字
版　　次 2023 年 10 月第 1 版　2023 年 10 月第 1 次印刷
定　　价 52.00 元
ＩＳＢＮ　978-7-5472-9095-8

前　言

柔道，是一种两人徒手较量的竞技运动。运动训练是指为提高运动员的竞技能力和运动成绩，教练员指导并组织的有计划的体育活动，它是竞技体育的重要组成部分。体能是通过力量、速度、耐力、协调、柔韧、灵敏等运动素质表现出来的人体基本的运动能力，是运动员竞技能力的重要构成因素。体能水平的高低与人体的形态学特征以及人体的机能特征有着密切的相关性。

本书开篇从运动训练的理论基础出发，讲述了运动训练的基础、原则以及要素，主要讲述柔道的相关运动训练。第二章从柔道的训练类型，包括训练教程以及道场训练法、抢手训练法、辅助训练法和高手指点训练法来一一给运动员提供参考。第三章讲述了柔道的比赛规则、比赛设备与卫生规定、裁判的位置与职责以及比赛的开始、暂停以及结束的宣判。第四章则探讨了训练的知识与计划、运动员的技术与心理和教学的理论与方法、原则与组织、文件与考核等内容。第五章和第六章着重从柔道运动技术和柔道运动的体能训练等方面进行了详细的阐述。第七章是科学体育运动及训练损伤与预防，以保护每位运动员的健康，在训练时需要注意训练的防护与治疗。

由于作者水平有限，书中难免会有不足之处，希望各位读者和专家能够提出宝贵意见，以待进一步修改，使之更加完善。

作　者

2022 年 5 月

前　言

目 录

第一章 运动训练理论基础

第一节 运动训练的基础

一、运动训练

要提高运动成绩，针对各种竞技运动所需的体能（运动能力）和技术（技巧）的训练是必不可少的。为此而进行的各种各样的"训练"和"学习"，在本书中称为"运动训练"。

体能作为运动能力，包含力量、肌耐力、速度、爆发力、灵活性、平衡性、柔韧性和全身耐力等要素，不同项目所需的体能要素有所差别，强化这些要素的训练方法也很多。

以肌肉训练为例，要根据训练目的（增大肌肉体积，还是提高力量或速度，或者是提高肌耐力）的不同，选择不同的训练强度、重复次数和每组训练的间隔等。

为使力量训练的效果反映到竞技成绩中，在实际的竞技运动中应尽量以与竞技训练相似的运动形式（肌肉活动模式、动作速度、动作形态、动作姿势、关节角度和动作方向等）施加负荷（专业训练）。

在运动训练中，必须明确各体育运动的竞技特点和个人的体能特性（什么是必需的），在此基础上，选择能帮助达到目的的最合适的训练方法。近年来，伴随着各运动项目竞技成绩的提高和体育科学理论的发展，除了传统的训练方法，还产生了很多新的训练方法，并且这些训练方法也得到了普及。

此外，很多运动员和指导者不知道该做什么训练。本书将以基本的运动训练为中心，举例说明其背后的各种理论特征。

运动训练的要点：

第一，要根据各种体育项目所需体能要素和个人能力，来进行训练。

第二，在实际的竞技运动中，要尽量以与竞技训练相似的运动形式施加负荷，训练效

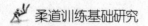

果才能反映到实际的表现中。

二、体能要素

体能由力量、爆发力、速度、灵活性、柔韧性和耐力等各种要素组成。

发育期时，各要素能均衡提高是最理想的状态。成年人为了保持身体健康，最好能分析体能的每个要素，并均衡地进行锻炼。若要参与体育竞技项目，需要根据竞技项目的特点，在不至于太极端的前提下，打破要素之间的平衡。

例如要参与市民马拉松的话，上半身的肌肉量少一点儿比较好，但是参加自由攀登的话上半身的肌肉量就很重要。

此外，在普通人看来，运动员可能存在"所有体能要素水平都很高"的情况，但运动员之间相比较的话，很难有"都很高"的这种情况。

例如，短跑选手这种爆发力型的运动员会将身体训练成白肌比例高的类型，所以按运动员的标准来看，耐力不可能很高。

体能要素的水平根据竞技项目的不同而倾向不同，要强行保持要素之间的平衡只会导致竞技能力下降。因此，要结合项目的特征进行体能训练。

表 1-1　体能要素

发起行动的能力	
力量	拿起重物，用力拉动等
爆发力	瞬间发力，跳跃、投掷重物等
速度	快速跑动，手臂、腿摆动速度快
调节行动的能力	
灵活性	对刺激迅速做出反应，快速调整脚步
柔韧性	身体的柔软度、肌肉的拉伸和关节活动度
平衡	静止状态下应对稳定和不稳定姿势
维持行动的能力	
全身耐力	维持长时间运动（呼吸循环系统）
肌耐力	能耐住长时间吊挂等

三、年龄与体能

人在成长过程中不同体能要素的发育期不同。如果能在该要素发育较快的年龄段进行相应的训练，训练效果更佳。随成长不断发育的体能，会在成年后呈缓慢下降的趋势。

例如，球类运动里的巧妙控球、体操中灵活控制自己的身体，完成这些动作都需要神经系统的参与。要完成这些多种多样的动作（灵活地完成技术和姿势、做出敏捷的动作、保持平衡等），作为其身体基础的神经系统显著发育的年龄是 10 岁之前，如果能在那时学习这些技术，效果将会非常好。此外，身体（体形）的显著发育期是初中阶段，这一时期除身高和体重显著变化以外，呼吸器官和循环系统也在发育，因此是适合耐力训练的时期。体型的发育高峰期过去后的高中时期，肌肉开始发育，所以适合力量和爆发力训练。

无视每个阶段的发育特点而盲目地进行训练会造成很多不足。比如，小学时期就大量加入肌肉训练，虽然会有一定程度的成绩提高，但是如果在这段时期忽视了最重要的"动作的习得"，那么想在初高中阶段挽回就不是那么容易的事情了。

一般地，成年之后体能会逐渐下降，但这并不是无法避免的生理变化。老年人的体能会随着年龄增长逐渐下降，但是从每个要素来看，所有的体能要素并不是同时发育和衰退的。

提前了解体能随着年龄增长会发生的变化，或者定期检查自己身体的实际状况，基于"现在的自己"应当提高的体能要素进行运动和训练，不仅能提高竞技水平，对于维持身体健康也是十分必要的。

老年人不是不能恢复体能，甚至可以提高一部分体能。重新审视生活习惯的同时，适当地调节饮食、运动和压力等，形成好习惯，由此将年龄增长带来的体能和身体各机能的下降控制在最小范围内，能够有效地抗衰老。

第二节　运动训练的原则

人类所拥有的功能，不用就会退化，适度使用可以使之发育，过度使用则会萎缩。这是生理学的基本原则，即"卢氏使用法则"。基于这一理论，产生了运动、竞技体育训练的各个原则，应用至今。

将该卢氏法则套入训练中，依据该法则可知，适度地进行训练（使用）可以起到充分锻炼的作用，无视法则（不用或过度使用）进行训练不仅效率不会提高，引起运动损伤（退化或萎缩）等的危险性也会提高。

下面介绍常用的训练原则，有五原则说，也有七原则说，这里讲一下七原则说。

一、超负荷原则

要提高肌肉的活动能力，必须对肌肉或者神经-肌肉施加比日常的使用强度更大的运动刺激（超负荷）。

二、渐进性原则

配合力量水平的增长，逐渐提高负荷（强度、量和效率等）。同时，调整训练种类和负荷的施加方式（负荷形式）等，以提高其效率。

三、持续性原则

为了肌肉和力量的高度发展，必须在强大意志下，长期持续进行符合目标的训练。

四、特异性原则

训练中给予的运动刺激不同会产生不同的效果，选择符合目标的运动形式（负荷形式、强度和关节角度等）进行训练。

五、系统训练原则

均衡地、综合地提高所有的体能要素水平。力量训练中，要均衡强化全身肌群（基础性力量）。

六、个别对待原则

认真分析过年龄、性别、体能、体格、健康状态、训练目的和训练经验等个体差别后再选择训练内容。

七、自觉性原则

充分理解训练理论（目的、方法、效果），在训练时一直保持目标意识和进取心。

这些原则既有经过科学证明的原则，也有通过经验总结出的原则。例如超负荷原则、渐进性原则、持续性原则和特异性原则，这四个原则是经数据验证的。与此相对，系统训练原则、个别对待原则想要用实验证实十分不易。此外，自觉性原则也很难被科学证实，但可以说是许多训练指导者的共识。

在竞技运动的训练中，要求实施者应充分理解这些原则，然后对照自己的训练内容，取舍后再进行训练。

另外，指导训练的人要特别注意个别对待原则，要基于个体差别进行指导。

第三节　运动训练的要素

训练中给予身体的"刺激"，肌肉会逐渐适应。也就是说，训练强度与重复次数等不同，得到的效果也会不同。这被称作"训练效果的特异性"。相对于训练所要求的目标，肌肉表现出特有的适应性被称为"SAID"。

进行训练时，首先应明确第一个要完成的目标（例如提高最大肌爆发力等），然后考虑与实际的运动项目尽量类似的运动形式，在此基础上，设定必需的强度和次数等最适当的条件。

进而，同样的运动形式会因竞技种类不同而产生不同的力量输出方式，必须据此对训练方法进行相应调整。

训练目标确定后，应考虑以下内容：

第一，肌肉收缩形式（负荷形式）。

第二，关节角度（动作姿势、动作方向）。

第三，肌肉收缩速度（动作速度）。

选择要使用的训练方法，设定最适合达成训练目标的诸多条件并实施，这些都很重要。

第四，负荷强度（刺激强度）。

第五，重复次数（刺激时间）。

第六，训练量（组数）。

第七，组间间隔时间（刺激密度）。

各类运动的力量输出方式不同，要相应地改变训练方式。

有的竞技运动项目要求最大力量突出，有的则要求肌耐力良好。

此外，要求肌爆发力突出的运动，又分为要求重视速度要素的爆发力和重视力量要素的爆发力等不同类型。

因此，想提高力量（爆发力）、想让肌肉变大、想提高肌耐力等，要根据运动项目不同而设定不同的训练条件。

影响训练效果的特殊性要素有以下几点：

一、肌肉收缩模式

训练带来的力量提高，会在训练后的肌肉收缩模式上表现显著。这是各个肌肉收缩模式的运动单位的动员模式（神经适应）不同造成的。要提高特定运动动作中的力量和爆发力，就要以尽可能类似该动作的肌肉收缩模式进行训练。

二、关节角度

训练带来的力量提高，会在训练后的关节角度上表现显著。这是因为在某一关节角度下运动单位的动员提高等，是由神经适应形成的，所以，要提高特定的运动动作中的力量和爆发力，就要以尽可能类似该动作的关节角度（动作姿势和关节活动度）来进行肌肉训练。

三、动作速度

训练带来的力量提高，会在训练后的肌肉收缩速度上表现显著。这是因为在某一动作速度下特定的动作单位能选择性地被动员，是由神经适应形成的，所以，要提高特定的运动动作中的力量和爆发力，就要以尽可能类似该动作的动作速度来进行肌肉训练。

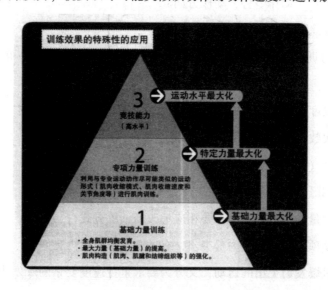

图 1-1　训练效果的特殊性的应用

第二章 柔道运动训练的类型

第一节 柔道运动训练教程

一、攻击练习法（简称练攻法）

攻法练习是熟练者提高进招技巧的一种练习方法，可以集体做，也可以分开各自做，可以固定位置做，也可以移动位置做。固定位置攻入时，守者站立原地让攻手进招，为提高攻手攻入能力，守者可以给攻手一定的抵抗力。

移动攻入时，守者配合攻手步伐移动往他攻入进来方向，为提高攻手移动攻入能力，可以不按照攻手步子移动往他攻入进来方向。

攻手为提高攻入后应变能力，可将守者攻入离开地面之后，将守者放下，或者守者后面加一帮手不让攻手攻入将守者离开地面以增强攻手攻入应变能力。

攻入练习应有速度和时间，做多少组，每组做多少次方面的要求，如只是熟练技巧可以不必有速度、时间、组数、次数方面的要求。

各自分散做攻入练习时应与本人专长技术结合起来。做本人的专长技术或某一个技巧已熟练的攻入时，就要与提高各项素质（速度、力量、协调、灵巧等）练习相结合。

二、配合练习法

配合练习是攻手练一个完整的技术动作，配合练习攻手与守者的身高体重应相当，练起来比较合适。配合练习攻守双方在熟练掌握"护身"摔倒时攻手能保护守者，守者能倒地自我保护前提下，方可进行配合练习，配合者守者切不可主动往攻手方向摔倒下去，这样攻手练习得不到技术动作要领，得不到练习的要点，一定要待攻手抓握把位、攻入部位、动作方向、受力动作、动作速度正确的情况下，不加以抵抗摔倒下去，只有这样攻手才能得到练习的好处。

开始阶段的配合练习，先以静止位置开始，守者站着在攻手抓把、攻入、受力、方向正确情况下让攻手摔倒下去，如果攻手的这些动作不正确，就不要倒下去，要重新来。

配合练习中，守者是不抵抗的，是配合攻手熟练技术动作，只有当攻手动作不准确时，要抵住不让摔倒下去，否则，自己会被摔痛或被攻手压痛。

移动配合练习，比站着不动的配合练习进了一步，守者顺着攻手脚步移动方向而移动，配合攻守法技术，这种步法配合练技术的方法，攻手不要让守者步伐站稳了再施技，不待守者步伐站稳时就施技，要掌握施技的时机，做到恰到好处。

相互配合练习，这就是练习双方都可以找到恰当时机施术，攻手和守者不固定，施术者就是攻手，被施术者就是守者。双方移动过程中谁都可以抢先施术，施术者的动作力求正确，攻手施术动作正确的话，守者就勿作抵抗顺势被摔倒；施术者的动作不正确不要让他摔倒。这种练习的主要目的是熟练动作技术，抓住施技时机。

三、约束练习法

为了熟练某一技术动作，规定攻手只准使用这个技术进攻，这个技术的动作一定要正确，技术动作力求不变形。守者配合攻手练习时，要注意攻手的动作正确性，动作不正确就不让摔出。动作正确性包括方向、力量、时机、速度、动作的协调性，注意在施术的一瞬间使出全部力量。

约束练习规定攻守双方练估技术动作，例如，投技或寝技中的估技术动作的连续技术，或投技连续转入寝技，约束练习一定要在攻守双方移动中进行，在移动过程中一定要注意身体姿势和动作的正确，使技术动作不变形，始终要保持自然体姿势施技，只有这样才能保持施技术时身体姿势不变形。

随着技术程度提高，可以逐步放宽约束练习的条件和提高约束练习的难度，约束练习可按技术难度高低分为四种：

①在初学阶段，规定攻手以一定的方式施技术，掌握好施术的时机，攻守双方交替进行练习。

②在提高练习之后，不规定某一方施技术，双方谁先掌握可施技术时机，就先施技术，这种练习主要目的是掌握在身体移动中施技术时机。

③扩大约束范围，接近于自由练习，这种练习是不加以全力抵抗的一种进攻练习。

④规定技术范围，即投技和手技、腰技、足技或寝技中的抱压，从这些技术中选一种或二种进行实战练习或攻防练习。

四、自由练习法

自由练习法不同于"乱取练习法"，自由练习不受任何技术动作约束进行自由练习，自由练习的目的在于提高施技时身体姿势正确性、技术动作正确性掌握施技时机，培养敢施技术的胆气，这种自由练习不是全力拼搏，自由练习可与不同对手进行练习。

五、乱取练习法

乱取练习亦可称"自由练习"，乱取在不违背比赛规则和柔道精神的前提下，不受技术动作的限制，全力与一个对手或几个对手进行练习。这种乱取练习实质是没有裁判在场的比赛练习；这种乱取练习的目的在于强化各项素质，各项技术的熟练，使体力与技术适应比赛。

六、比赛练习法

比赛练习是为了使运动员适应比赛的一种练习法，按照比赛规则和比赛时间，有裁判在场。是在柔道训练和练习中为检查训练水准，运动员的技术水准，促使他们运动技术水准提高和锻炼丰富比赛经验，经常采用的一种练习方法。

比赛练习之后教练要给运动员进行评论，给他们指出优缺点，稳固优点改进不足处。

教练要把每一次比赛练习作为一次教练工作上的小结，以运动员比赛结果检查教练工作上的问题，改进和提高教练工作。实质上教练比赛结果是教练工作的一面镜子，教练要从这面镜子中总结教练工作的经验教训以改进提高教练成果。

七、得意技练习法

所谓得意技（绝招）是指不看对手体型特点，在任何情况下，这个技术使用起来，是比较得心应手，成功率比较高的技术。

著名的柔道运动员都有较擅长的得意技，是在学习技术和不断重复练习中形成的，得意技一定要在全面学习柔道技术的基础上练习。

光练一两个得意技而没有全面柔道技术作基础，运动水准技术是得不到提高的。学习得意技不要去模仿他人的，一定根据自己身体特点和所喜欢的技术去研发，变成个人反射技术动作。

得意技是在无数次反复练习中慢慢形成的。柔道技术很多，不可能每个技术都很精，全面掌握技术是很必要的，是得意技的基础；得意技术不必很多，掌握两三个已足够了。但是，这两三个得意技要与其他技术联系起来，其他技术可以为施得意技成功打掩护。

不管在任何场所（练习或比赛），面对任何对手（身体高矮、技术好坏、力量大小），都要敢于使用自己的得意技。在开始得意技一个也使用不上，但随着技术熟练和技术水准提高，得意技成功率慢慢地提高，对手防不胜防，被你的得意技摔倒，这时你的得意技已练到相当程度了。

八、冬练法（寒训）

冬季对柔道运动员来说比赛任务少，冬练的主要任务是全面提高身体一般素质和各项素质，加强精神意志品质训练。冬练三九是习武的格言，寒冷冬季的早晨，离开暖和的被窝，去室外进行身体锻炼，实质也是一种精神意志品质锻炼，是提高肌肤抗寒能力和增强体质的一种锻炼手段。

用长跑来提高内脏器管和心血管功能，身体耐力；用重量训练，举哑铃练肌肉力量；踢足球打篮球提高灵敏性和协调性。

各项技术熟练结合柔道基本技术和组合技术，用橡皮带、攻入练习、实战提高各项素质和技术。

三九严寒天气很寒冷，在进入锻炼之前，身体一定要全面活动开，筋骨舒张开，准备活动要做到出汗，锻炼一定要全身出汗才能得到好的锻炼效果。

九、夏练法（暑训）

夏季，对学校柔道运动员来说，是锻炼和提高柔道运动水准的好时机。夏练的主要任务：提高运动技术水准、实战技术水准和身体抗暑能力。夏季一般来说比赛任务较多，如参加柔道夏令营、集训、柔道邀请赛、访问比赛，这一系列活动的目的在于提高技术水平，为秋季大型的柔道比赛做准备。

夏练一定要安排运动员休息好，练习时间宜安排在上午八九点钟，午后五六点钟，天气比较阴凉的时间内，其余时间安排学习、休息、游玩，要使运动员有充沛的精力投入练习。

柔道夏令营应设在环境安静，风景优美，气候宜人，有山有水的地方，运动员除了练习之外，要让他多看世界著名柔道运动员比赛电影和录像带，以使运动员学习，激发他们练习兴趣。

柔道夏令营是运动员互相学习和交流技术的场所，参加小型比赛和访问比赛锻炼提高实践技术外，也是运动员们收集技术情报的场所，使自己知道在大型柔道比赛当中，有哪些技术对手，做到心中有数，了解对手，有的放矢地锻炼，在大型比赛时战胜对手。因此，这种性质的练习一定要有针对性。

十、实战练习法

实战练习就是与不同技术类型、不同体型、不同级别的对手进行实战，目的在于提高实战技术和比赛能力。实战练习有以下几种练法：

1. 不计较胜负练习

这种练法的目的，只是提高实战技术，不计较胜负，大胆使用进攻技术，如果只是抵抗住对手自己又不敢使用进攻技术，则不会提高实战技术，必须抓住时机大胆进攻，实战技术和能力才能提高。

2. 只用得意技进攻的实战练习

这种练法的目的，在于提高得意技技术水准。不管与何种类型对手实战，只用得意技进攻，不管对手知道或不知道练习者的得意技，不怕输一味用得意技。用这样的方法练习得意技一般来说是不易成功的，但一旦对手明知道练习者的得意技，还被得意技摔倒的话，这得意技已成功七八成了。

3. 与同级别人实战练习

不要拘泥于胜负，摔倒与被摔倒无关紧要，要紧是在任何情况与任何场合下，要大胆，敢于主动进攻，使对手处处被动；身心合一地选择自己的技术，取得最佳的技术效果。

4. 与强手实战练习

被摔居多，但不要畏惧，不要采取极端防守姿势而不进攻，极力去破坏对手进攻体势，抓住时机就进攻，以养成好的进攻体势。被摔倒是无关紧要的，重要的是要知道自己是怎样被摔倒的，如何去破坏对手的攻略，不要被同一技术重复摔倒；只采取防守姿势的实战练习，永远不会提高自己的实战技术，在你破坏对手体势时，同时要施术进攻，当你不易被强手摔倒和制服的时候，你的实战技术和实战能力就提高了一步。

当你能摔倒和制服对手的时候，事实证明你的技术有了进步。不敢与强手实战或只是防守的话，实战技术是无法提高的。

第二节　柔道运动道场训练法

一、固定（静态）连攻法

第一种，单一动作连攻法。

第二种，要求速度连攻法：反复次数少、力量强、速度快，内容因教练之要求而定。

第三种，约束连攻法：

①在某一约定时间及范围内由同一人做连攻法，例：做15秒、休息15秒，10次后攻守交换。

②约定由一人做某一次数连攻法后攻守交换。

第四种，联络动作连攻法：固定的联络动作连攻法，其目的是训练选手在破势方向的交换能完美、流畅、快速，以利后续的取位及施术；文后所叙之前、后、左、右等方向，皆指破势方向。

例：一前→一后或一后→一前（将前后方向依选手技术改为左或右互相联络，次数可视选手程度及教练要求而定）连续重复连攻法。

第五种，三人一组连攻法。

二、移动（动态）连攻法

原理原则及方式与固定连攻法大同小异，最重要的是训练选手在破势方向的交换能完美、流畅、快速，以利后续的取位及施术。

第一种，单一方向移动连攻法。

第二种，连续两个同一方向的连攻法，是要使对手认为你不可能这么做而做，须强调第一个破势的力量及速度：如前（过肩摔）→前（过肩摔）侧（丢体）→侧（丢体）等。

第三种，搭配方向移动连攻法：如前（内腿）→后（大内割）、后（大内割）→侧（丢体）等。

属于间歇训练，可训练选手之耐力，例：10个固定连攻法→（跑步）20个伏地挺身→10个固定连攻法→（跑步）20个仰卧起坐→10个固定连攻法→（跑步）20个背肌弓身→10个固定连攻法→（跑步）20个碎步→10个固定连攻法→（跑步）10个波比运动。

以上为一回合，可视需要加减回合数。

三、自由对摔

自由对摔在所有训练课程中，最接近比赛性质，也是最受选手喜欢的项目。教练应避免每天一成不变的训练课程，一样是连攻法及自由对摔，训练方式有许多变化，如何让选手在辛苦的课程中享受快乐，是身为教练者必须做的功课。二人自由对摔有以下两种情况：

（1）单纯立技或寝技自由对摔，为最普遍之方式，每一场时间长短可由教练或选手自定。

（2）立技+寝技自由对摔：二人以立技自由对摔开始，若出现进入寝技机会即径行变换，但须注意其他队友位置，以避免冲撞受伤。

四、分组自由对摔

比单一自由对摔更接近比赛性质，通常四或五人一组（以下皆为站擂台式，每人须满一回合才能休息）。

（1）1min4人3Set/每人（每一分钟换一人上场，单纯立技或寝技，立技、寝技轮替皆宜，三十秒、一分钟或其他时间换人，由教练视需要而定）

（2）场地运用自由对摔：时间分配原则与第一种相同，每一组找一红线角落，被训练者位置在红色危险区里面及外面有不同训练效果。

（3）攻防自由对摔：被训练者只可攻击或防守。

五、自由对摔的对象

同一队或道馆里的选手，实力或多或少会有差异，自由对摔的对手实力与自己相比，不出以下几种：

1. 比自己强者

找比自己强的对手，须全力以赴，进步的幅度较大，但因对方较强，被摔的机会也高，教练须随时注意选手心态。

2. 比自己弱者

与比自己弱者摔，可以练习新动作，或较不熟悉的动作，若频率太高则进步有限，甚或不进反退。

3. 与自己实力相当者

练习时两人皆全力以赴，互相切磋、鼓励，结果最佳。

第三节   柔道运动抢手训练法

一个柔道的完整施技程序包含破势、取位、施术三阶段。在瞬息万变的比赛中，要完整施技，其先决条件是抢手的位置是否合适。竞赛时，如何去抓住你要的衣领位置、如何移动自己的脚步，都关联到后续的施术及成功与否；由自己主导还是对手主导场上气氛（气势），全在于双方的抢手及移动，由此可知抢手训练之重要。

一、二人抢手练习

（1）两人都积极抢手。

（2）攻防（一人先攻，再攻守交换）训练。

（3）抢抓固定位置：以胶带在对方柔道衣上做记号，只能抓有记号之衣襟。

（4）一方先抓好，衣襟被抓者须积极脱手。

二、分组抢手练习

方式与自由对摔之分组相同，没有施术，只能抢手。

抢手练习必须同时与移动搭配，如此才能将技术连贯，并习惯比赛节奏，避免选手训练形态与比赛形态差距太大，造成训练之浪费。

第四节   柔道运动高手指点训练法

一、柔道倒地擒拿术

初学柔道的人，总想比一比哪种技术更厉害，更能战胜对手。而实际打斗中，双方是不论重量级别的，常常是身体弱小者要对付身强体壮者。柔道原本就是一种以弱胜强的搏击术。习练者很快就会发现，只要有必要的速度和技术，他们可以充分利用对方的力量战胜对手。

柔道比赛中既有速度又有技术的运用。而要把这些技术用于街头搏斗，则需要将比赛中的一些抓、摔技术，加以拆解，才能灵活用于各种街头实战。不管遇到什么情况，下面这些擒拿原则都是非常重要的。

（一）控制身体的技术

在柔道比赛中，如果你能将对手摔得背部着垫，并将对方背部着垫控制一定时间，你就能够得分获胜。同样道理，如果能将一个人扑倒在人行便道上，他也就不能再有什么攻击能力了。

如果摔不太奏效，你也摔倒在他身旁，就要学会借助自身的体重去控制对方。如果你摔得不到位，自己也倒地了，就要会收缩手肘和膝盖，团身成球形。如果你踩到了皮球上，你就会因皮球滚动而摔倒在地。如果对手想将你压在身体下面，抓住他，借助于滚动将对手摔倒。

这种技术在自我防卫时非常有用，因为这样可以保护自己身体的要害部位不受伤害。所以不要叉开腿，否则裆部会受到攻击；身体不要打开，否则，身体部位会受攻击。还有处于这样的防守姿势时，脚趾不要上翘，不至于被制而不能移动。

（二）感觉自己的机会

无论你是在奥运会的柔道比赛中，还是在实战中进行自卫时，你都必须保持头脑清醒，精神振作，你要随时能够注意到对方的动作，只要你临危不惧，你就能够做到反应灵敏、及时。

当你在伸手可抓住对方的范围之内，你就要头脑清醒，随时感受到对手的行动，而不仅仅是看到对手的行动。在这种状态下要跳动和移动，不要只是盯住对方的脚而要去判断他将要移动到什么位置，你应该盯住对方的眼睛，靠感觉判断对方要移动的位置。柔道要求略微调整视点，注意对方的胸部，眼角的余光要能注意周围的情况。柔道训练中一种很重要的训练就是用布蒙住双方双眼，靠感觉判断对方的移动位置。

（三）打破对方的平衡

柔道中任何一种摔，都是要想方设法使对方身体失衡。在比赛中，你要严格遵守规则，想办法破坏对方的平衡。但在街上，你可以使用任何办法使对方身体失衡，使其最终被你摔倒在地。

在比赛中，抓袖摔是一种重要的技术，因为这种技术能使你知道处于什么位置时，才可能将对方摔倒。如果对手穿的是结实的衬衫或夹克，抓袖摔就很有效。但对付穿 T 恤衫的人就不可用了。幸运的是，现在不是什么问题了。

（四） 动作与反应

很多柔道高手非常喜欢摔，只要有机会，他们就会用摔技。摔并不像有些教练说的那样不好。实际上，通过准确地判断对方移动，摔可以有效地制服对方。而且不少运动员能将摔运用得恰到好处。摔应该是一种非常有效的自卫手段。如果对方对你所擅长的摔感到害怕，你的扫腿等技术更能发挥作用，因为对方过于注意你的摔了。

有时候，对手会采取与你相同的技术，这就常会使双方都摔倒在地。要使摔运用有效，就要具有勇气，就要学会全身运用。如果你犹豫不决，就无法运用好摔。

（五） 把比赛技术运用到街头实战中

在比赛中的柔道技术，都能用于实战。除了必要的技术知识外（对方可能没有），你将拥有一种优势，那就是在能抓摔的范围内敢用力去抓摔。同时你还要知道在摔时，如何使自己不受伤。

如果你决定要用摔，你也可以借助于打或踢来找机会用摔最后战胜对手。比赛中，可以利用抓对方的衣服，使对方失去平衡，将其摔倒，而在街上，你可以用踢等技术干扰对方的平衡，然后趁机将对手摔倒。

你的摔要有柔道其他技术如移动技术的配合，但是不要在实战中用臀摔，因为这需要你转过身背对对方，这在街头实战中距离较远时是很不利的。这种情况下，较为有效的配合技术是扫堂腿或后踢腿。当有人推你或抓你时，他必然有一脚在前，你可以趁机扫踢他的这只脚，使其身体失衡，速度要快，使对方来不及发现就倒地了。

（六） 极端技术

当对手倒地后，要上前将其控制住，或将对方身体翻转，控制住他的手臂赢得比赛。你也可以用柔道中的锁颈术制住对方，一般是从背后锁住对方的颈部。柔道中锁颈非常厉害，可以很快锁住颈部对大脑的供血，在几秒钟内使对方失去知觉。

如果不想使对方失去知觉，也可以锁住对方双臂。虽然，在比赛中已经不允许使用锁颈术了，但它仍然是街头实战中非常厉害，足以使敌方致残的技术。

上部锁颈术：通过控制对手的肩部和腰带来制住对方。他的右脚跟放在对手的左肩关节上，使其不能翻转身体，然后左腿膝盖部位配合左脚，锁住，左右腿之间形成三角形紧紧锁住对手的头部和上身。然后凭借身体重量使对方身体向自己一侧倒，同时把对方的左臂横拉至自己身体一侧。用自己的腿再次形成三角形锁住对方的颈部，同时紧抓对方的腰带不放，控制对方右臂。

侧面压身锁臂术：用自己的胸部压住对方的上身，身体与对方形成"4"字形，抓住对方外侧的手臂。运用压力，举右肘上钩，左肘着地。

运用手臂杠杆锁颈翻身术：从侧面，抓住对方腰带和衣领。然后右腿骑到对方背上，左臂紧钩对方颈部，接着，借助于柔道的翻身术，翻转对方身体，用右腿压住对方身体。当翻滚完成后，用左膝推挤对方颈部，同时用力拉对方左手，制住对方。如果有必要，还可以下压对方右臂形成杠杆。

头手侧锁术：诱使对方靠近，用手臂将对方拉近，然后手臂下拉，同时翻身，从对方身体先抽出上身，然后坐起身，将对方衣领下拉，同时控制对方臀部。

二、摔技绝招

摔技有站立摔和倒地摔两种使用方法。站立摔，是在保持自己站立的情况下而将对方摔倒的技术。和中国式摔跤相似，根据当时所使用的身体部位的不同，又分为手摔法、腰摔法、足摔法等。倒地摔，是利用自己主动倒地的技术将对方摔倒。根据自己倒地的方向不同，又分为正倒地摔法和横倒地摔法。摔技中的任何方法，都可以从左、右两面向对方进攻，但为了叙述清楚，使读者易懂，在说明各种方法时，均以一个方向（右或左）为例。

（一）背负摔

背负摔，是用腰、肩、臂的力量，把对方背起，向前摔下去的技术。

动作过程：双方均以右自然体站立交手。用左手抓住对方的右外中袖或袖口，用右手抓住对方的左前领。把自己的右脚尖向对方右脚前伸进，随着身体向左转，将自己的右肘，从下经左向上转，顶在对方的右腋下；左手用力拉住对方的右臂，同时左腿后移，倒插在对方左脚前，进胯、屈膝，使臀部顶在对方大腿上部，将对方背起，并用两手将其上体拉紧，趁势上体前屈，同时蹬腿、提臀和两手用力向左下方拉，在这几部分力量综合作用下，把对方成弧线形摔下去。

练习要点：同身体高大的对方交手时，使用此技术会取得出色的效果。上步与插步转体的动作要快，臀部要紧顶在对方大腿上部。在摔时，要使上体前屈、蹬腿、用力拉三个动作协调一致。

（二）单臂背负摔

单臂背负摔，是持住对方一只臂做背负摔的技术。

动作过程：双方均以右自然体站立交手。用左手抓住对方的右中袖下部，用右手抓住对方的左前领。向前拉扯，使对方身体向右前方倾斜。此时，迅速将右脚伸到对方右脚尖的内侧；两手用力上提，控制住对方身体，随之向前逼近。在右脚上步的同时，用左手换抓对方的右手腕，拉向自己的左肩旁，右臂伸向对方的右腋下，两手用力抓住对方的右臂。接着左脚倒插，进胯，用臀部顶住对方大腿上部，并把其上体拉紧，利用上体前屈、蹬腿、提臀和两手用力向右下拉的力量，迅速把对方的身体由肩而腰成弧线形地摔下去。

练习要点：右脚上步时，两手要用力上提，不能让对方两膝弯曲身体重心下降。该动作，因为仅控制对方一只右臂，其活动范围较大，在使用技术时必须动作迅猛。

（三）体落

体落，是当对方身体重心在右脚外侧时，利用上步、转体、进胯的动作，用右脚绊住对方右腿的方法将其摔倒的技术。

动作过程：双方均以右自然体站立交手。用左手抓住对方的右中袖外侧，用右手抓住对方的左前领。左脚向前逼进，迫使对方右脚后退。这时右脚向对方右脚前内侧上步，身体左转使右胯靠近对方腹部，右臂肘关节从对方的左胸部转向对方的左腋前，同时上提左前领，使对方身体重心升高。然后左手向前拉，并使对方身体向右前方倾斜，左脚倒插步，右腿向右后方伸出，小腿从外侧别住对方的右小腿。最后用左手拉、右肘上顶、拧腰、转头的动作，将对方向其右前方摔下去。

练习要点：进攻时要侧身进胯。用右肘顶住对方左腋下，右肩逼向对方右胸，使对方身体重心升高。别住对方右小腿后，要立即向左下方用力拉，并迅速转体、风头。

三、横倒地摔法

（一）横挂

横挂，是使对方身体向右前方倾斜，并使其身体重心移至右脚支撑时，用左脚内侧挂住对方右脚外侧，使自己身体向左侧倒；并用左脚扫其右脚，使对方横倒摔下的技术。

动作过程：双方均以右自然体站立交手。用左手抓住对方的右中袖外侧，用右手抓住对方的左前领。左脚上步，迫使对方右脚后退。再回拉对方，使其右脚向前上步。左手向左侧拉，右手向上提，使对方身体向右前方倾斜。这时，用两手紧紧拉住对方，用左脚挂住其右脚跟外侧，接着以支撑自己身体的右脚向左侧猛蹬，使身体向左侧倒地。同时，左脚用力扫其右脚，把对方摔倒。

练习要点：当对方把身体重心移到右脚时，正是左手拉，右手上提，使用技术的好机会。横挂技术，可以主动向对方使用，也可以在对方进攻时使用。

（二）横车

横车，是利用对方向自己右侧进攻的时机，迅速抱住对方腰部，两脚右移，右腿伸到对方双腿中间，夹住对方的右腿，将对方向右侧横摔下去的技术。

动作过程：双方均以右自然体站立交手。用左手抓住对方的右中袖外侧，用右手抓住对方的左前领。当对方向自己右脚方向上步准备进攻时，两脚稍向左移动，随着撒开左手，抱住对方的腰部。同时，左膝弯曲，用膝盖顶住对方的左膝。身体重心下降，以防御对方进攻。当对方感到有受反攻危险时，也采用屈膝，使身体重心降低的方法来防守。这时，要用右脚到左脚，依次向对方的右侧方向移动半步。左手换抓对方的后领，右腿从对方体前伸向两腿中间和左腿一起将对方的右腿夹住，右手推对方的腹部，使对方身体右转，利用自己身体侧倒使对方向右前方摔倒。

四、风格与打法

柔道既然是两人的竞技运动，若是想战胜对方，就需要了解对方，克制对方，所谓知己知彼，百战不殆。

例如力量型的对手，一般都是虎背熊腰，膂力过人，沾上就摔，狠招不断，脱解不得。这种对手开始是来势汹汹，一些经验不多的选手往往会不到几个回合就落败，不一定是自己的实力不如对方，而是因为心理上有了压力，胆怯了，所学也就不能发挥出来，怎么会赢呢？

无论是哪项运动，自信尤其重要。不要管对手得过哪些奖项、荣誉，资历多深，合理地运用柔道技巧，全力以赴，争取赢得比赛才是关键。即便是输了也一定能吸取经验，卷土重来。

　　对待纯力量型的对手，我推荐两种方法：一种是以拙胜拙，他的力量大，你肯定自己的力量比他还大，此种打法消耗体力，要在最短的时间内赢得比赛；另一种是以巧胜拙，出其不意，攻其不备。所有柔道招式，一定会有破绽，只不过高手的破绽只是一瞬，等你想通了，也已经晚了。

　　训练期间你可以看看柔道比赛的录像（最好是自己输掉过的），你会发现，所有选手施技之前，一定会有前兆，在对方施技之前找出克敌之术，才是柔道的上乘境界，这就是料敌机先的精义之所在。不过这需要强健的体魄、机智的头脑、刻苦的训练、大小赛事的锻炼。

　　再就是技巧型，千万不要以为技巧多半是在轻量级别里才会被重视，很多重量级的柔道高手都是依靠技巧获得胜利。他们反应敏捷，头脑灵活，再加上强大的力量真是难以抵挡。

　　对付这类选手，千万不能急于求成，不要被对方的示弱所蒙蔽，往往对方不采取主动进攻时，那时候才是最危险的。多听听教练的指点，让自己放松，尽量发挥自己的所长。

　　看柔道比赛的时候，很喜欢看快攻型的选手比赛，就如同看足球喜欢看全攻打法一样，实力不一定有多强，但是有欣赏性，有激情。

　　此类选手与力量型的有所不同，他更注重的是动作的连贯性，讲究一气呵成。所以，不要被他的虚张声势所镇住，掌握好他的虚实动作，关键的时候施术，打乱他的进攻节奏。还要说一句老话，胜不骄，败不馁。

第三章 柔道运动比赛规则

第一节 柔道运动竞赛规则

柔道是一种两人间进行徒手较量的竞技运动，运动本身更注重技巧的运用，而非力量的抗衡。比赛中要求运动员能够控制身体的平衡，保持重心稳定，运用千变万化的技术迅速摔倒对手。该运动能够充分发挥运动员的身心能力，运动员身体的力量和敏捷性、技术的灵活性都能够通过竞技比赛淋漓尽致地表现出来，在竞技中同时也能体现柔道运动员所独有的精神品质。

注意（Yoko）和指导（koka）通常在比赛结束时作为判定胜负的资料，注意（Yoko）作为第一标准，如果打成平手，则指导（koka）作为第二标准。如果仍然打成平手，则由边裁根据选手在比赛中的有效动作和犯规次数决定其胜负，边裁会举起蓝色或白色的旗子来表明比赛结果。

一、级别

蝇量级：男子 60 千克、女子 48 千克。

次轻量级：男子 66 千克、女子 52 千克。

轻量级：男子 73 千克、女子 57 千克。

次中量级：男子 81 千克、女子 63 千克。

中量级：男子 90 千克、女子 70 千克。

次重量级：男子 100 千克、女子 78 千克。

重量级：男子 100 千克以上、女子 78 千克以上。

二、比赛场地及服装

（一）柔道比赛的场地

柔道的比赛场地分成两个区域，两区之间的分界处是"危险区"，用宽度为一米的红色标志将比赛场连接起来。比赛场地的规定面积为（14×14）平方米或（16×16）平方米，通常奥运会、世界杯、各洲际赛及国际柔道总会举办之赛会，均应采用最大规格的比赛场地，场地上需铺设绿色的榻榻米，或者采用类似于榻榻米的材料，尺寸通常为2米长、1米宽。榻榻米一般是由稻草或者泡沫压制而成的，铺设时注意要将其固定在地面上，它主要是起到防震和护身的作用。为保证比赛中选手的安全，榻榻米间的排列应严丝合缝，其表面不能过于粗糙也不能过于平滑，以利于选手比赛中的自由移动。

整个比赛场地除"危险区"外，还包括"比赛场"和"安全区"。"比赛场"是指在"危险区"以内的区域，规定面积为（8×8）平方米或者（10×10）平方米；"安全区"是指在"危险区"以外的区域，宽度为3米。当使用两个或两个以上相邻的比赛场地时，允许在两个场地之间共用1个不小于3米的安全区。

场地须设在有一定弹性的地板或台面上，场地四周留有50厘米以上的空间。为了明示出选手比赛的开始和结束时的位置，场地中央每隔4米都应做标志，标志为25厘米长、6厘米宽，颜色为红色和白色，红色标志在主裁判的右侧，白色标志在主裁判的左侧。

（二）柔道比赛的服装

柔道比赛和练习时运动员穿宽松的上衣与长裤，以一条棉制的腰带将上衣束起来。腰带结法须成"八"字形。柔道衣分为上衣、下衣和腰带。上衣的长度要求遮盖住臀部，袖子长度要求稍微超过前臂的中部，袖口和前臂最粗的部位有5厘米以上的空隙。下衣的长度要求稍微超过小腿的中部，裤腿和小腿最粗的部位必须有7厘米以上的空隙。为了防止上衣散开，腰带要打结束紧，结的两端须余有15厘米的长度。比赛时，双方运动员要系不同颜色的标志带。

柔道衣各部位的名称，有左里领、左前领、左里袖、左中袖、前腰带、左横带、左袖口、左内裆、裤腿口、左横领、后领、左后带、后腰带等。右面各部位名称与左面相同，只是有左、右之分。

1. 柔道上衣的结带方法

为了防止上衣脱开，扎腰带要有合适的打结方法（如图3-1所示）。

①先穿上衣，左衣襟压在右衣襟之上，将两襟合上，用腰带正中部位从腹部正中开始向左右分开往身体后面绕过一周。

②左右带头从体后绕至腹前交叉。

③用右边带子压左边带子，由下向里穿出来。

④用穿上来的带子压住右带头，再将右带头从左带头下边向上向下由里边穿出。

⑤抓住左右两个带头的结余部位用力拉紧。

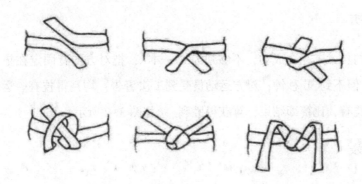

图 3-1 结带方法

注意事项：

①腰带沿腰部绕环，在腹部前稍低处打结。

②腰带不要扎得过低、过高或在臀部，以防止衣服散开。

③不要竖着打结。

④在训练当中，不要把衣领往后拉或向两边扯，不要卷袖子，养成服装整齐的习惯。

2. 柔道服的叠法

①将上衣襟相对平铺好，将裤子叠成两折竖着放在上衣中间，上衣两袖向内侧折。

②把上衣的两侧向中间分左右叠成两折。

③从正中间折成两折。

④将上衣领口和下襟折叠成一块。

⑤用腰带绕上打结。

三、比赛的时间

男子为 5 分钟，女子为 4 分钟。比赛设 3 名裁判员。主裁判在场上组织运动员进行比赛，并评定技术，宣布胜负。相对两角各有一名裁判，评定分数和运动员在场上的表现。

根据运动员使用的技术，按其效果和质量评为4种分数：

（一）一本

站立时使用的技术有速度、有力量，把对方摔成大部分的肩背着地；把对方的背固定在垫子上达30秒钟；逼迫对方的肘关节或勒绞对方颈部使之拍垫子认输；对方受到取消该场比赛资格的处罚；均得一本。运动员得一本后，该场比赛即结束，算是获得"一本胜利"。

（二）技有

站立时使用的技术未完全成功，不够判为"一本"，把对方的背固定在垫子上的时间在25秒钟以上，但不到30秒钟；对方运动员受到1次警告；均判得技有。运动员在一场比赛中获得两个技有，比赛即结束，算获得胜利。（如图3-2所示）

（三）有效

站立时使用的技术只有部分成功，不够判为"有技"；把对方的背固定在垫子上的时间在20秒钟以上，不到25秒钟；对方受到1次"注意"的处罚；均得有效。

（四）效果

站立时使用的技术未成功，但有一定速度或力量，仅使对方的体侧、胸腹、臀部着地；把对方的背固定在垫子上的时间在10秒钟以上，不到20秒钟；对方受到1次"指导"的处罚；均得有效。

图3-2　两次技有合为一本

一场比赛中未得一本时，则按技有、有效、效果的多少评定胜负。但是 1 个技有可以胜过所有的有效和效果。1 个有效胜过所有的效果。如果双方得分相等，则根据比赛的风格、进攻次数来判定胜负或平局。

四、比分

柔道运动可以通过摔倒对方来得分，也可通过柔道技巧来控制对方，使对方在 25 秒内不动，得一分叫一本。一本需要符合四个规则。如果想通过摔来达到一本，柔道选手必须将对手从自己的背部摔过，摔的动作必须有力度、迅速，并且要控制住对手。

柔道运动也可以通过得两个半分来取胜，或者是接近半胜程度，即当选手摔的动作不符合四个标准时，也就是当控制对手时间没有达到 25 秒但达到 20 秒时，得半分。柔道比赛还有两种计分方法，Yoko 和 koka，但这两种状态均不得分，Yoko 指的是摔的动作不符合两个标准，或控制对手时间不足，为 15～19 秒之间；koka 指的是摔的动作不符合三个标准，或控制对手时间为 10～14 秒之间。

五、犯规的惩罚

关于比赛点数和得分有四种判罚方法。最轻的犯规是 koka，其次是 Yoko。在比赛中最为严重的犯规是一本犯规，但在判罚前，裁判须与边裁商定。在比赛中防守过度，将对手推挤出比赛区域或故意躲避对手，给对手造成危险都属于犯规。但是，柔道选手在比赛中被对手用合乎规则的动作摔出场外则不属犯规。超出比赛区域指的是柔道选手身体的任何部分超出了比赛区域。如果参赛一方将另一方摔出，而本身由于失去重心而跌出场外，则按照被摔选手的落地时间来判断其是否犯规：被摔选手若先着地，则不算犯规，反之，算犯规。

六、其他规则

两回合比赛之间，双方选手需在比赛区相互鞠躬行礼，参赛选手需保持自身清洁，皮肤需保持干燥，手指甲和脚指甲须剪短，身体不可有异味。

比赛开始时，参赛双方需用手或脚在比赛用的垫子上击打两下以上，以示礼貌。用手、脚、腿或胳膊击打对手的脸部是绝对不允许的。

柔道选手在被对手控制的情况下，不可掰对方的手指，如果比赛由于参赛选手受伤而中止，并且是由于对手失误而受伤，则判对手输。

柔道选手不可向对手做出含贬义的手势或其他举动，有此行为者可判取消比赛资格（如图3-3所示）。

图3-3　取消比赛资格

七、柔道的禁止动作和特殊情况

（一）禁止动作

柔道禁止击打，不许用头、肘、膝顶撞对方。除了肘关节外，不许对其他关节使用反关节的动作。不许抓头发和生殖器。任何可能伤害对方颈椎或脊椎的动作均被禁止。运动员有犯规行为或是踏出比赛区，根据情节轻重受到"指导""注意""警告""取消该场比赛资格"的处罚。运动员在一场比赛中，受到两次警告，就取消该场比赛资格，判对方获胜（如图3-4所示）。

图3-4　无效

（二）长头发处理

以前若赛员的长头发没有妥善束缚视为对其他赛员一种消极的态度，裁判应令暂停及令其妥当地束缚头发，而第一次整理将不予记录。若任何时候裁判命令暂停令其束发或一赛员因束缚头发导致暂停时间延长，就必须予以记录。若一赛员束缚头发是在正当暂停情况下，若是此次暂停是因为其他原因所引致的将不予记录。

现在赛员可允许重新束缚头发而第一次将不予以记录，第二次将被罚指导。赛员可在裁判命令暂停后即正当赛员返回其比赛途中整理头发，但不能解开重新束缚，而这动作亦不能导致暂停的时间延长。若裁判员指示赛员一束缚手号，则赛员只可束缚柔道服而不能束缚头发（导致暂停的时间延长），因这动作只限于束缚柔道服及束缚手号。

（三）用脚踢对手之惩罚

使用脚踢对手而没有意图将其摔倒或破坏对手体势会被惩罚"注意"。裁判应该清楚判别赛员的动作，若一赛员试图以足技攻击或破坏对手之体势而其对手则只使用足部去踢其对手的脚胫，这样后者将判罚"注意"。裁判应该有能力去分辨清楚"踢"及"扫"的差别。

（四）过度的力量置于背部

若过度的力量置于对手的背部将惩罚为"犯规败"。

（五）问题状况处理

当一名旁证判一本（IPPON）给其中一方（蓝方）时，而裁判及另一旁证判 YUKO 给另一方（白方）时，此三个裁判须讨论该判之分数。裁判或可向裁判委员会征询意见。

（六）受伤处理

只有医生方可使用绷带去遮盖赛员出血的伤口。若赛员的头部受到碰撞，裁判必须以普通常识允许医护人员去检查赛员。

（七）双膝跪式肩车

双膝跪式肩车及使对手从其后方直接摔倒会被惩罚为"犯规败"，情况跟站立式肩车一样（如图 3-5 所示）。

图 3-5 判定

（八）警告惩罚检讨

裁判宣布"全场完"后或赛员在比赛进行中制造不必要的叫喊，说话或用手势去侮辱其对手或裁判，现在惩罚为"犯规败"。

（九）单边抓握方式

单边抓握方式为非"正统"的抓握方式。赛员被允许可于三至五秒钟内进行攻击，不然，该赛员将被罚指导。单边抓握方式可理解为使用双手或单手去抓握对手一边的柔道服，使用以上任何一种抓握的方式为非正统的抓握方式，赛员被允许可于三至五秒钟内进行攻击，不然，该赛员将被罚指导。

（十）被罚

以一腿勾着置于对手两腿间而无意做出摔投，赛员必须于三至五秒钟内进行攻击，不然，该赛员将被罚指导。

（十一）犯规败

以特殊的喷剂涂抹于手中以增加抓握力是违反柔道精神及公平的，任何类型有助于在比赛中取得优势战胜对手的喷剂或溶液是严厉禁止使用的，将根据条例第二十七条惩罚为

"犯规败"。

（十二） 塑料保护垫

任何类型有助于赛员在比赛中取得优势战胜对手的塑料或弹性绷带或其他物料是严厉禁止使用的。柔道服装检查处必须检查赛员的柔道服，而裁判在命令开始前亦要做最后检查，赛员若违反以上规例将根据条例第二十七条惩罚为"犯规败"。

（十三） 呕吐类别

任何类型的呕吐发生，该赛员的对手将被判"弃权胜"。

（十四） 背部大部分着地的意思

国际柔道总会 IJF 裁判委员会建议解释"一本胜"背部大部分着地的意思是指背部50%以上着地。

（十五） 站立式十字固的情况

若该技术不能立即有明显的效果，裁判应立即命令暂停。

八、柔道礼仪

柔道训练和比赛时，为了表示尊敬对方，都是从礼节开始，并且以礼结束。礼法分为坐姿礼（又称为"跪姿礼"）和立姿礼。

（一） 坐姿礼

从站立姿势开始，左脚向后撤约一步半。

将左膝跪在原来左脚尖的位置。

接着撤右脚双膝并排跪下，两脚脚尖着地。

把两脚的大拇趾重叠，右脚拇趾压在左脚拇趾上，挺胸后坐成跪坐姿势。

1. 正坐

①轻轻地将两手手指并拢，放在两大腿的内侧（腹股沟处）。

②两膝之间的距离为两拳宽。

③两脚的叠法是右拇趾压在左拇趾上。

④脊背要伸直，下颌收紧，轻轻地闭上嘴，目光在水平线上。

⑤不要把全脚重叠，不要驼背。侧着身体，垂肩或抬下颌。

2. 行礼

从正坐姿势开始，把两手放在膝前，手指并拢整齐，两手拇指、食指相对，距离约 6 厘米，自然地放在垫子上。将头轻轻地低到离两手约 30 厘米处行礼，礼后起身成正坐姿势。

3. 注意事项

①行礼时臀部不要抬起离开脚跟。

②行礼时不要驼背、不过分低头，避免使对方看到后脑勺。勿抬下颌，眼睛不要向上看，两手距离不要太宽。

（二）立姿礼

身体成自然站立姿势，两脚脚跟相对并立，膝关节伸直，两眼注视对方。

将上体前屈约 30 度，两臂下垂，两手手指，放在膝关节上方的大腿处，静止稍许，然后自然抬起上体，恢复到原来姿势。速度约在一次呼吸之间（约 4 秒钟）。

1. 注意事项

①背部要直，收下颌，头要正，双手手指并拢伸直，轻轻地贴在躯干两侧，恭敬地行礼。

②注意防止驼背、头不正或过于低头，两脚要分开或两膝弯曲。

2. 从正坐姿势到站立姿势

①由正坐姿势开始，将腰伸直，两脚尖竖起。

②把右膝竖起，将右脚放在原来放右膝稍前的位置上。

③把身体重心移到右脚上、起立，接着把左脚向前移和右脚并立。恢复到开始时的自然站立姿势。在起立或坐时，都不要摇摆身体，不要左顾右盼。动作要严肃、认真、礼貌。

训练场内的礼法：在训练开始或终了时，双方距离 4 米相对行礼（用立姿礼或坐姿礼）。出入训练场时对训练场内的人必须行礼，当对方站立时行立姿礼，对方坐时行坐姿礼。在别人面前走过时要点头。

九、柔道裁判术语

开始：HAJIMI 暂停：MATTE 一本：IPPON

合半胜为一胜：WAZA~AR1~AWSETE~IPP0N

技有：WAZA-ARI 有效：YUKO

效果：KOKA 压制：OSAEKOMI

压制无效：TOKETA 平手：HIKIWAKE

判定：HENTE 不要动：SONOMAMA

继续：YOSHI 指导：SHIDO

注意：CHUI 警告：KEIKOKU

犯规输：HANSOKUMAKE

判定输：FUSEN~GACH

综合胜：SOGO~GACHI

优胜：YUSEN~GACHI

比赛完毕：SOREMADE

寝技：NE~WAZA 礼：REI

时间到：JIKA 主位：J0SEK1

柔道席：TATAME 胜方：KACHI

败方：MAKE 投诉：MAITTA

无战意：NON~COMBATIVITY

受者：UKI 取者：TOR

技之无效：NOT~VALID

弃权胜：K1KEN~GACHI

整理柔道袍：ADJUSTMENT~OF~JUDOGI。

第二节 柔道运动比赛设备与卫生规定

一、比赛设备

（一）计时计分显示器

每个比赛场地都应设置两块电子计时记分显示器，放置在安全区外沿。用于显示比赛场次、级别、代表单位、蓝白双方运动员姓名、比赛得分、处罚、比赛时间（倒计时）和压技时间（正计时）等。

（二）备用计时器和计分板

当使用电子计时计分显示器时，必须备有手动计时器和手动计分板。每个比赛场地都应备有比赛时间计时器 1 块，压技时间计时器 2 块，备用计时器 1 块和手动计分板 1 块。

（三）旗子

每个比赛场地都应备有下列手旗：
①黄旗：比赛时间。
②蓝旗：固技时间。
使用电子计时计分时，不用同时使用手动计分板及手旗，但仍须备用。

（四）时间信号

每个比赛场地应备有一种铃声或类似的发声装置，作为通知裁判员比赛时间结束的信号。当同时使用多个比赛区域时，需使用不同声音的时间信号。时间信号音量必须足够大，以便于在喧闹的赛场中被听到。

（五）无线通信设备

组委会必须为裁判员提供足够的无线通信设备，实际数量应根据比赛场地数量和裁判员数量合理配置。

（六）公告牌和显示器

在热身区内或附近应放置公告牌。

在热身区和柔道服检测区都应提供能够显示比赛场次和现场比赛的显示器。

（七）蓝、白柔道服

运动员必须穿着中国柔道协会指定品牌的（白色或蓝色）柔道服。

二、卫生规定

第一，参赛运动员的柔道服必须干净、干燥，无异味。

第二，参赛运动员的个人卫生要达到高标准。

第三，参赛运动员的手和脚指甲都要剪短。

第四，参赛运动员的长发必须用橡胶或柔软材质的发带扎起来（发带不能含有任何金属或坚硬物质）。

第五，除医用绷带外，参赛运动员不得遮盖头部。

第六，任何不遵守卫生规定和柔道服规则的参赛运动员将不能参加比赛。

如果比赛尚未开始，可宣判对手"不战获胜"；

如果比赛已经开始，则根据"三人合议取多数意见"规则宣判对手"弃权获胜"。

第三节 柔道运动裁判的位置与职责

一、裁判员和技术官员

（一）裁判员

1. 所有裁判员必须在中国柔道协会进行注册并通过年度审核后，才可以在中国柔道协会组织的比赛中执裁。

2. 比赛由三名与两名参赛选手不同省市的裁判员进行执裁。

比赛前，在每个比赛场地安排体重级别之前，将所有裁判员分配到不同的比赛场地。

3. 为确保比赛的公平中立，每场比赛的主裁判和副裁判由运动员上场前抽签决定。穿白色柔道服的运动员抽主裁判，穿蓝色柔道服的运动员抽副裁判。

4. 临场执裁的三名裁判员将使用同一频道的无线通信系统，当副裁判与主裁判意见不一致的情况下将通过无线通信系统给出他们的意见。

5. 当比赛出现严重错判、漏判或临场执裁的三名裁判员意见不一致时，裁判长和仲裁主任可以进行干预。他们将使用无线通信系统与主裁判和副裁判联络。

（二）技术官员

技术官员将协助裁判员进行工作，负责计时、计分、记录、仲裁录像、录像回放、医疗、称重、检录、柔道服检测和颁奖等工作。

二、主裁判的位置和职责

第一，主裁判应穿着符合中国柔道协会规定的裁判服，不能佩戴任何头巾、宗教物品或珠宝等。

第二，主裁判在上场执裁前，应熟悉所在比赛场地提示比赛结束的方法和声音及医疗台的位置，必须检查无线通信系统和耳机能否正常工作。

第三，主裁判在宣告比赛开始前，必须确保比赛场地（垫子表面干净、垫子之间没有空隙）、计时计分显示器、技术官员等准备就绪，并确认运动员的服装和卫生情况一切正常。

第四，主裁判在宣告比赛开始前应确认双方运动员站在各自的比赛起始位置上：

白方运动员站在主裁判的右侧。

蓝方运动员站在主裁判的左侧。

第五，主裁判在确认观众、志愿者或摄影师等没有对参赛运动员造成干扰或伤害的情况下，才能宣告比赛开始。

第六，原则上主裁判应站在比赛区内控制场上比赛、做出得分及判罚的决定，并确认给予的得分和处罚及时正确地显示在计时计分显示器上。在特殊情况下，例如当双方运动员进入寝技并面朝安全区时，主裁判可以站在安全区观察动作进展。

第七，如果比赛出现长时间延误或必须暂停进行其他活动时，主裁判员应离开比赛场地。

三、副裁判的位置和职能

1. 两名副裁判应并排坐在控制台的座位上通过无线通信系统与主裁判按照"三人合议取多数意见"的规则共同执裁。

2. 如果副裁判发现记时计分显示器出现错误，应及时提醒主裁判予以更正。

3. 如果运动员经主裁判批准短暂离开比赛场地更换服装或进行医务处理等，应由一名同性别的副裁判员陪同，如果没有同性别的副裁判员，应由裁判长指定一名同性别技术官员陪同，以确保运动员在离开场地过程中没有异常情况发生。

第四节 柔道运动比赛的开始、暂停与结束

一、比赛开始

第一，一名主裁判和两名副裁判应在比赛者进入比赛区之前就位。

第二，在个人赛中，主裁判应站在比赛区外中间位置，向计时计分台方向行礼后，再步入比赛区，面对计时计分台，站立于双方运动员面对面的中线后两米位置。副裁判将坐在他们各自的位置上。

第三，在团体比赛中，在每一次比赛开始前，两队之间的行礼程序如下：

①主裁判进场步骤与个人赛相同。根据他的指示，两支参赛队将在比赛区外缘的一侧同时进入，面对面站立。运动员按体重级别排列，靠近主裁判的运动员为最重级别。

②根据主裁判的口令，两队进入比赛区内起始位置。

③主裁判双臂平行向前伸展，手掌张开，指挥两支参赛队转向计时计分台，并发出"礼"的口令，提示两队所有运动员同时向主席台鞠躬行礼。主裁判不需要行礼。

④然后，主裁判双手臂成直角姿态，前臂向上，手掌相对并发出"礼"的口令，指示两队所有运动员面对面鞠躬行礼。

⑤在完成行礼后，两支队伍都要退出比赛区。第一场比赛的运动员在比赛区边缘中心等待。每一场比赛的运动员都要进行与个人赛相同的行礼程序。

⑥如果在完成比赛的最后一场比赛后取得同等的胜利场次，裁判员将提示两支队伍排队进入比赛区等待加赛抽签。完成抽签后，加赛级别选手留在比赛区参加比赛，其余的离

开比赛区。

⑦在完成团体比赛的最后一场比赛后，裁判员指挥两支队伍进入比赛区，然后宣布获胜者。行礼仪式将按照比赛开始的相反顺序举行，首先互礼，最后向主席台行礼。

4. 参赛运动员在进入或离开比赛区时可以自由行礼，这不是强制性的。

5. 踏上榻榻米，双方运动员须同时步行至比赛区边缘。

①参赛运动员应站在比赛区边缘的中心位置（安全区），白方运动员应在主裁判右侧，蓝方运动员应在主裁判左侧。

②在主裁判的指示下，参赛运动员向前进入比赛区各自的起始位置，同时相互行礼，左脚向前迈一步。

③比赛结束，主裁判宣告获胜方后，运动员应同时右脚后退一步，互相行礼。

④正确的行礼是非常重要的，如果参赛运动员没有行礼或做得不正确，主裁判应提示参赛运动员以正确的方式行礼后再退场。

6. 参赛运动员不允许在比赛开始前握手。

7. 比赛应该从投技开始，正确穿着柔道服，腰带固定在腰部（髋骨上方），然后主裁判宣布"比赛开始"。

8. 在比赛期间，运动员应在"比赛暂停"和"比赛开始"之间迅速自行整理柔道服。

9. 在国际柔联组织的比赛中，经过 IJF 认证的医生可依据规则规定的情况要求主裁判员停止比赛。

10. 裁判长、仲裁、台长只有需要纠正错误时才可以介入和中断比赛。裁判长、仲裁、台长介入比赛的 3 种情况：

①主裁判错误宣判获胜方。

②运动员因违背柔道精神的行为被处罚取消比赛资格，或可能会因此产生进一步的后果。

③申诉程序按照相关规定执行。

二、比赛暂停

第一，裁判在下列情况下可宣告"比赛暂停"，暂时停止比赛。若要重新开始比赛，裁判宣告"比赛开始"口令后，比赛重新开始。

①参赛运动员必须迅速地回到比赛起始位置的情况。

步出界外处罚时。

主裁判将给予第三个指导时（取消比赛资格）。

主裁判要求运动员整理柔道服时。

裁判认为运动员需要医疗处理时。

②当必须暂停比赛给予运动员其他的指导处罚时，运动员可以在原地接受处罚，不必回到起始位置。

③裁判在宣布暂停后，必须把运动员保持在自己的视野内，以防他们没有听到暂停口令而继续比赛或发生其他状况。

第二，裁判员应宣告暂停的情况：

①当双方运动员完全离开比赛区，且没有从比赛区内开始的任何技术动作时。

②当比赛的一方或双方运动员违反禁止事项时。

③当比赛的一方或双方运动员受伤或发病时。如果发生第二十四条的任何情况，裁判在宣布暂停之后，应根据运动员的要求，或直接根据受伤的严重程度，请医生进行必要的医疗检查。在轻微伤害的情况下，医疗干预将在比赛区外、靠近医疗设施附近进行。运动员将由一名副裁判员陪同。

④当比赛的一方或双方运动员需要整理服装时。

⑤当寝技没有明显进展时。

⑥当比赛的一方从寝技中将对方负在背上成站立或半站立姿势，且双手完全离开垫子，而他的对手无法使用动作时。

⑦当比赛的一方处于站立姿势，或从寝技转入站立姿势，并把仰卧在垫子上用腿缠着自己身体的对方完全提离垫子时。

⑧当比赛一方运动员试图从站立姿势使用关节技或绞技时。

⑨当比赛一方运动员开始使用任何一种格斗或摔跤技术的动作（而不是真正的柔道）时，裁判员应立即喊暂停，阻止运动员使用动作。

⑩当一方运动员通过过度拉伸对手的腿使用绞技时，必须立即喊暂停，并给予指导处罚。

⑪在任何其他情况下，主裁判认为有必要暂停比赛时。

第三，主裁判不得暂停比赛的情况：

①主裁判不能暂停比赛以阻止比赛双方出界，除非出界会造成危险。

②当一个技术动作从界内开始，动作持续到界外。

③当比赛的一方从对方使用的固技、绞技及关节技中挣脱出来，想要休息或要求休息时。

示例：有效动作，不应该暂停（如图 3-6、图 3-7、图 3-8、图 3-9 所示）。

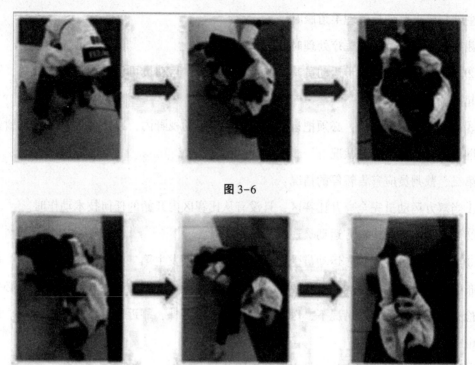

图 3-6

图 3-7

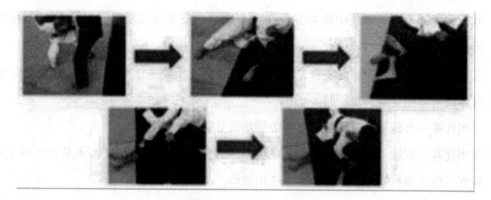

图 3-8

图 3-9

三、原姿势暂停

第一，原姿势暂停只能在寝技中使用。

第二，在任何情况下主裁判需要暂时停止比赛，而不改变运动员的位置时，他可宣布"原姿势暂停"，做出规定手势，同时他必须确保任何一方运动员的位置或把位抓握没有改变。

第三，若继续比赛，裁判员应宣布"继续开始"，并做出相应的手势。

四、比赛结束

第一，在常规时间（4分钟），比赛只能通过技术得分技有、一本取得胜利。

第二，一次或者两次指导处罚并不能判定胜方，除非第三次指导处罚（取消比赛资格）或直接给予取消比赛资格。处罚永远不等于得分。

第三，主裁判宣布"比赛结束"表示全场比赛结束。在宣布"比赛结束"之后，主裁判仍须把比赛双方运动员保持在自己的视野之内，以免双方运动员由于没有听到主裁判的宣布而继续比赛。在宣布比赛结果前，如有必要，主裁判可令比赛的双方整理柔道服。

第四，主裁判员在宣布比赛结果后，双方运动员应后退一步，互相行礼后退出比赛区界，沿着安全区离开。

第五，运动员离开垫子时，应整理好柔道服。在离开比赛场地之前，不得解开柔道服或腰带的任何部分。

第六，如果主裁判错误判定获胜方，副裁判员必须及时纠正错误，确保在主裁判员离开比赛区之前更正误判。

第七，主裁判宣布比赛结束的情况：

①当一方运动员获得一本得分或技有合并一本得分时。

②当一方运动员被取消比赛资格时。

③当一方运动员不战获胜时。

④当一方运动员因受伤无法继续比赛时。

⑤当一场比赛时间结束时。

⑥金分加时赛获得得分时。

第八，主裁判员应在下列条件下宣告胜方：

①当一方运动员获得一本或同等分值，主裁判员应宣告该运动员为胜方。

②当双方运动员在常规比赛时间结束时，没有技术得分或者双方技术得分相同时，比赛将进入金分加时赛，常规比赛中受到的指导处罚不能决定胜负。

第九，金分加时赛

①在个人和团体比赛中，比赛时间随着第 10.2 条的情况而结束。主裁判员应宣布"比赛结束"暂时结束比赛，运动员应回到他们的起始位置。

②常规赛 4 分钟结束，主裁判宣布"比赛结束"，然后主裁判宣布"开始比赛"。常规赛和金分加时赛之间没有休息时间。

③金分加时赛没有时间限制，常规比赛时间内，双方所有的技术得分和指导处罚，都将带入金分加时赛，并显示在计分板上。

④金分加时赛中只能通过技术得分（技有或一本）或处罚取消比赛资格（直接或累积）分出胜负。

⑤在金分加时赛中，固技可持续到 20 秒结束。当一方运动员进入固技，主裁判应允许固技继续，直到运动员获得一本，或者固技解脱、比赛暂停，或一方运动员使用绞技、关节技显示出效果。如果固技解脱时，获得技有得分，比赛结束，宣布获胜者。

第十，视频回放支持系统

①应由副裁判、台长、仲裁共同观看视频回放，决议后与场上主裁判进行沟通。

②在特殊情况下裁判长和仲裁主任可以共同观看视频回放，并参与决议。

③按照"少数服从多数"规则开展工作，如果全部同意，立即纠正；如果情况不清楚，没有达成一致意见，不进行干预（比赛开始）。

④关于视频回放支持系统：

任何涉及比赛结束、比赛时间内以及金分加时赛中的决定。

运动员使用反攻技术，不能利用自己身体着垫后所产生的反弹力。如果允许，他可以继续进入寝技。

如果双方运动员同时着垫，不能明确区分哪一方控制，双方都不得分。

运动员倒地后使用任何动作都应认定为寝技。

不得擅自使用或要求使用视频回放支持系统。

第四章 柔道运动训练与教学

第一节 柔道运动训练的知识与计划

一、柔道训练概述

柔道运动训练是指在教练员的指导和运动员的参与下，为不断地提高和保持运动员的柔道运动技术水平而专门组织的教育过程。教练员要根据柔道运动的特点及其发展趋势，遵循柔道运动训练原则，运用科学的训练方法和手段，对运动员进行身体素质、技战术、心理、智力和恢复等方面的训练。因此可以说，柔道运动训练是教学的继续和深入。

（一）训练任务

柔道运动训练的中心任务是通过在身体素质、技战术、心理等方面的训练，从而不断地提高运动技术水平，创造优异的成绩，为国争光。其具体任务是：

第一，增进健康，改善身体形态，提高身体机能，发展一般和专项身体素质。

第二，掌握和提高柔道运动的理论知识和技术水平，培养战术意识，掌握各种战术手段和战术方法，并能在比赛中运用和发挥。

第三，改善运动员的心理品质，进行思想政治教育，提高运动员为国争光的自觉性，培养其勇敢顽强、敢于拼搏、谦虚重礼的个性特征。

第四，掌握柔道比赛的组织、竞赛规则和裁判法，培养训练能力。

上述四条训练任务是紧密联系、互相促进的，在柔道训练中应全面贯彻执行。同时由于训练对象、阶段、时期的不同，在训练中可以有所侧重。

（二）训练原则

柔道运动的训练原则，是柔道训练过程的客观规律的科学概括与总结，是进行柔道运动训练必须遵循的准则。运动训练实践证明，它对柔道训练工作起着重要的指导作用。随着训练实践的不断发展，训练原则也在不断得到完善，现阶段我国柔道运动训练一般应遵循以下几条原则。

1. 周期性原则

周期性原则是指整个训练过程循环往复周期性地进行，而每一个周期都应是在前一周期的基础上不断提高运动员的训练水平，从而创造优异成绩。

周期性原则的主要依据是竞技状态形成的客观规律。而竞技状态的形成要经过一段时间的系统训练才能获得。竞技状态的发展过程一般有三个阶段，即获得阶段、保持阶段和暂时消失阶段。专家们则根据竞技状态形成的规律把一个竞赛周期划分为三个周期，即准备期（逐渐形成竞技状态）、竞赛期（提高和巩固竞技状态）、休整期（调整、恢复身体机能）。而每个时期都有各自的主要任务、训练内容、训练手段、方法等。贯彻周期性原则主要是根据全年重大比赛时间及柔道运动的特点来安排周期，国内柔道训练一般安排两个周期，准备期训练时间的长短应以能否保证柔道运动员出现竞技状态为准，如果比赛机会较多，则可相应安排三个周期或更多的周期，总之应保证在重大比赛时出现最佳的竞技状态。

2. 系统性原则

系统性原则是指运动员从初期训练到出现优异运动成绩以及保持高水平运动成绩，直至运动寿命终结的长期训练过程中，都必须进行多年系统的不间断的训练。

运动员训练水平的提高是一个长期的过程，只有通过持续不断的训练才能逐步提高运动员的身体机能，最大限度地发展运动素质，使有机体在身体形态、生理、生化机能和心理方面产生一系列适应性良好的变化，从而获得最佳运动成绩。

要根据柔道运动员的自身特点有计划地逐步增加运动负荷，在训练内容和训练手段的选择上，尽量由易到难、由浅入深，坚持多年、全年的不间断训练。要把课时与课时之间、月计划与月计划之间、周期与周期之间有机地联系起来，使之在原有的基础上不断提高。

3. 一般训练与专项训练相结合原则

柔道一般训练是指在柔道训练中运用各种有效的方法与手段，增进运动员健康，提高运动员各器官系统的机能，全面发展运动素质。可分为一般身体素质训练和专项身体素质训练。

一般训练是专项技战术训练的物质基础，能为运动员专项化创造有利条件。良好的身体素质，能促使运动员更快更好地掌握复杂先进的专项技术，承受更大的运动负荷，有效地防止伤病的发生。而专项训练则能保证发展柔道专项训练所需要的技战术，发展专项所需要的身体机能和专项运动素质，运动训练的最终目的是提高专项运动技术水平，在柔道比赛中获得优异成绩。因此一般训练与专项训练的关系是紧密结合的。在柔道训练中，只有把两者很好地结合起来，才能收到良好的效果。一方面要打好一般训练的基础，另一方面又要使一般训练尽量结合柔道专项特点来进行，即要在柔道训练中按照不同水平和层次的运动员的实际情况，在训练过程的不同时期和阶段，恰当安排好两者的训练比重。

4. 区别对待原则

柔道运动员之间总是存在着性别、年龄、运动素质、技战术、承担负荷的能力、个性心理等方面的差异，这就要求在训练中区别不同情况，分别对待。也就是贯彻区别对待原则，即是指在训练过程中，要根据运动员的个人特点，有针对性地确定训练任务，选择方法、手段和安排运动负荷。

我国柔道运动训练一般是以运动队的形式集体进行的，这就要求在制订训练计划时既要有全队的，又要有针对个人的，不要不加区别地采用统一的训练计划，尽量避免训练的"一刀切"，尤其运动员水平越高，个人的训练计划越突出。当然这要建立在对运动员的情况深入调查，全面了解全队和每个队员的基础上，根据运动员的个人特点安排一定程度的不同训练。如训练个人绝招技术时，有的队员擅长内股，有的队员擅长双手背负投，在训练中就可以单独留出一些时间让队员练习他们个人擅长的这些绝招技术。

二、柔道训练计划

柔道训练计划，是对柔道训练工作预先做出的理论设计。制订训练计划是柔道训练工作中不可缺少的重要环节，它可以使训练工作有系统、有步骤地进行，教练员和运动员都可以参照训练计划制定的目标逐步去完成每个课次的训练任务和要求，随时监控各个训练过程实现目标的情况，以便促使运动成绩的迅速提高。同时制订的训练计划，也是积累了训练过程的资料，有利于对训练过程进行系统的研究并加以借鉴，以促进今后工作的改进。

训练计划有全体的也有个体的，一般是将全体和个体的训练计划结合起来，既有共同的要求和安排，又有不同训练水平的运动员在各自训练过程中的不同要求。这种训练计划的特点是训练的总时间和局部时间安排大致相同，所采用的训练内容和形式也基本相同，只是在训练负荷、手段，练习的组次等方面对个别特殊对象提出不同的要求。

训练计划一般包括多年训练计划、年训练计划、阶段训练计划、周训练计划、课训练计划五种类型。

制订训练计划一定要符合运动训练的客观实际及其发展规律，并要依据柔道专项的训练特点及运动员承受负荷和负荷后的恢复规律。同时在制订训练计划前，必须考虑以下因素：训练人数、性别、年龄、体重级别、训练水平和训练年限、运动成绩、身体素质、技术情况、特点、个性心理、智力水平、承担负荷的能力和恢复能力、饮食营养条件、参加比赛的成绩指标等。根据这些因素，确定训练方向和工作要点。

制订训练计划时，尽量使人一目了然，文字要简练，注意适用性、直观性。训练计划的内容应包括以下几方面：

第一，获取运动员现实状态的各种信息和分析前一训练过程计划完成的情况。

第二，预测并制订各训练过程的各个训练目标及实现目标的计划。

第三，确定训练过程的阶段划分及各阶段的主要任务。

第四，安排比赛的日程和目标。

第五，确定各训练过程的负荷节奏。

第六，训练内容的安排及选用训练方法和手段。

第七，确定各训练手段的负荷要求。

第八，制定恢复与医务监督措施。

第九，确定检查评定的时间与内容。

（一）多年训练计划

柔道多年训练计划是根据实际需要和可能而制订的具有纲领性的长远规划，由于实践本身是在不断发展变化的，因此柔道多年训练计划只能是粗线条的、概括性的轮廓计划，不可能制订得特别具体；制订柔道多年训练计划，主要是为了使训练避免盲目性，指导运动员在多年后的比赛中努力创造优异的运动成绩。

由于训练目标、训练对象的不同，柔道多年训练计划一般分为少年儿童多年训练计划和优秀运动员为参加重大比赛而制订的多年训练计划。柔道多年训练计划一般以5~7年为宜，也可根据运动员的年龄和个人特点再增加或减少训练年限。

目前我国柔道多年训练计划大体分为以下几个阶段：

第一阶段为基础训练阶段（时间为2~4年）：此阶段主要是进行全面身体素质和基本技术的练习，强调动作的规范性。培养对柔道的兴趣，增强体质，培养尊敬师长、谦虚有礼的良好品质，以一般身体训练为主，具备良好的柔韧性，并打好协调、速度与灵敏的素质基础。

第二阶段为稳步提高阶段（时间为 2~3 年）：在全面训练的基础上根据自身特点发展专项技战术，培养个人绝招技术，稳步提高专项运动素质，提高专项理论水平，培养过硬的训练和比赛作风，逐步提高训练中独立思考的能力。在保证恢复的前提下适当有节奏地增加运动负荷。

第三阶段为最佳竞技阶段（时间为 3~5 年）：增加比赛次数，训练负荷增至最大，突出个人绝招技术，以专项运动素质训练为主，力争获取最佳专项成绩。

第四阶段为竞技保持阶段（时间为 2~4 年）：解决好运动员退役后的出路问题，增加文化课学习，提高比赛中的心理稳定性。

（二）年度训练计划

年度训练计划是在多年训练计划所制定的大致思路的基础上，结合上一年度计划的执行情况和当年的主要任务而确定本年度训练的内容。年度训练计划的内容一般应包括以下几方面：

第一，对上一年度的简单总结，发扬长处，找出存在的问题和解决办法。

第二，本年度的主要任务。

第三，运动员当前的情况分析（技战术、素质、思想等）。

第四，运动员各项训练指标的预定（以定量性的素质为主）。

第五，全年训练周期的划分，各个时期的训练任务、时间、各项训练内容比例、运动负荷的安排，各项训练的基本要求、手段和措施。

第六，各阶段训练工作的检查、评定、总结的安排与要求。

根据当前我国柔道比赛时间的规律，一般将全年划分为两个周期。

第一周期（12 月至第二年的 6 月）：改进提高专项技战术，全面提高运动素质，培养个人绝招，培养过硬的训练和比赛作风，学习有关的理论知识，参加上半年的锦标赛，争取下半年的参赛资格。

第二周期（7 月~11 月）：经过赛后 1~2 周的休整，转入准备期，根据锦标赛发现的问题及时改进技战术，突出个人绝招，针对主要对手特点进行模拟训练，突出专项素质训练，参加下半年的冠军赛，争取优异成绩。

每个周期又划分为以下不同的时期：

1. 准备期

国内一般将准备期划分为准备前期和准备后期。

准备前期（时间为 2 个月左右）

①任务：主要任务是全面提高运动员的身体机能，全面发展身体素质，改进基本技术，学习有关的理论知识，培养意志品质和优良作风。

②训练安排：以增加负荷量为主，逐渐增加负荷强度，一般身体训练和专项身体训练并重，并安排必要的智力训练和意志品质训练。

准备后期（时间为 2 个月左右）

①任务：主要任务是发展专项身体素质，巩固和提高技战术水平，培养个人绝招，培养过硬的训练和比赛作风。

②训练安排：不断地增加负荷强度，负荷量增至最高后适当减少，以专项练习为主。

2. 竞赛期（时间为 1 个月左右）

①任务：做好赛前的准备工作，进行赛前模拟训练、战术训练和赛前心理训练，进一步提高专项身体和技术的训练水平，进入竞技状态，参加比赛，创造优异成绩。

②训练安排：针对主要对手特点进行模拟训练，强度增至最大，同时保证肌体得到充分的恢复；在赛前实战训练中要特别注意防止损伤情况的发生，如按比赛要求的实战可安排在赛前一周前，即使发生损伤也能有时间治疗，在赛前一周可多安排得意技的复习和强化练习。

3. 休整期（时间为 3 周左右）

①任务：进行积极性休息，总结上半年训练和比赛经验，制订新的目标和计划。
②训练安排：恢复性的一般训练，训练量和强度均较小。

（三）阶段训练计划

阶段训练计划主要是使年度训练计划在训练过程中得到进一步的贯彻，而一个阶段的训练过程又可以是若干个周训练过程的组合。当年度训练计划出现偏差时，主要通过阶段训练计划来进行调整。阶段训练计划的基本内容：

第一，阶段训练的总目标、任务及各小周期任务。
第二，阶段训练计划的时间安排、总周数、总训练日、总课时、总时数等具体指标。
第三，各种训练内容的比例及在小周期中的安排。
在柔道运动训练中，在执行阶段训练计划时，应力求保持与年度训练计划的一致性和连贯性。在年度训练过程中，常常为完成某个特定的训练任务而专门制订连续几周的阶段训练计划。如加强度的阶段训练计划、发展个人绝招技术的阶段训练计划等。其中主要体现在安排阶段中各周期之间的运动负荷节奏的变化上。

（四）周训练计划

周训练计划应以阶段训练计划为依据，结合训练各方面的实际情况来制订。通过周训练计划，使阶段训练计划内容更加详细和具体。在柔道训练中，一般是以日历周（7 天）为一个小周期，根据训练任务和内容的不同可分为基本训练周、赛前训练周、比赛周、恢复周四种类型。

基本训练周的主要任务是通过负荷的变化使肌体产生新的生物适应现象，以此不断提高运动员的竞技能力。

赛前训练周的主要任务是根据比赛的要求，采用各种训练方法促使运动员的肌体适应比赛，为形成最佳竞技状态做准备。

比赛周的主要任务是为培养运动员最佳竞技状态做最后的调整，参加比赛，力争创造优异成绩。

恢复周的主要任务是降低负荷，消除疲劳，为下一步训练做好准备。

周训练计划的基本内容：

第一，周训练的总任务与每天、每课次的任务与要求。

第二，一周训练的日数、周总课次数、每天的课次数、每次训练的具体时间及安排。

第三，每日或每次课的主要训练内容。

第四，每日负荷及周负荷节奏。

第五，每日的恢复措施。

第六，测验、比赛与测定的安排。

柔道训练常采用周训练计划，应注意的是要根据不同技术训练和力量练习的负荷特点予以适当地交替安排，尽量避免由于局部负荷过重和过于集中而引起的过度训练。

（五）训练课计划

训练课是运动训练最基本的组织形式。训练课计划是根据周计划所规定的任务、内容和运动负荷的安排而制订的。

根据柔道训练课的主要任务和内容，一般把训练课计划分为以下五种类型：

第一种是技战术训练课：主要安排专项技术、战术训练。

第二种是素质训练课：主要进行身体素质训练。专门的素质训练课大都安排在训练的准备期，有多种多样的训练内容和手段，如力量素质练习、速度、耐力素质练习等。

第三种是模拟比赛训练课：模拟实际比赛，用以检查训练效果。

第四种是调整训练课：以小负荷练习内容进行积极性恢复。

第五种是综合训练课：主要将技战术训练与素质训练课结合起来，根据要求按一定比例进行训练。

在柔道综合训练课中，训练内容的顺序一般是将技战术训练放在前面，素质训练放在后面；配合练习在前，实战练习在后。

训练课中一般应有 1~3 个练习高峰。一堂训练课通常是由准备部分、基本部分、结束部分三个部分组成。

第一，准备部分：主要任务是使运动员的运动器官和内脏器官逐步进入工作状态，从心理和生理两个方面做好承受计划负荷的准备。时间 15~30 分钟。

准备活动又分为一般准备活动和专项准备活动。一般准备活动的内容可安排队列练习、慢跑、活动性游戏、练习等，以达到精力集中、热身的目的。专项准备活动内容有倒地练习、专项滚翻、空做柔道基本动作等。

第二，基本部分：按照计划和实际情况进行，通过各种训练方法、手段实施训练计划中的规定内容，达到本次课的目的，时间一般为 60~70 分钟。在其中运动负荷一次或多次达到高峰。在训练中一方面要科学安排训练内容、方法、手段，另一方面还要充分利用场地，安排合理的组织形式，并掌握好练习间的负荷节奏。另外要适时地活跃训练气氛，培养运动员团结互助、刻苦训练的良好品质。

第三，结束部分：主要是进行积极性恢复，时间为 5~10 分钟。其内容可选择放松跑、游戏、放松操、牵拉、抖动和互相按摩放松等。

第二节　柔道运动员的技术与心理

一、柔道技术的训练

根据不同的训练目的，柔道技术的训练目标要求不同：对于普通学员而言，使他们学习并掌握完整的柔道技术，形成一定的柔道运动技能，并且通过技术训练不断地提高他们的身体机能，学习和掌握柔道理论知识，增强自身的自信心；而柔道运动员则要通过技术训练，不断地提高技术运用水平，培养良好的训练与比赛作风，为创造优异运动成绩打下坚实的基础。

进行柔道技术训练必须遵循运动技能形成的规律，任何一个柔道动作的掌握，都要经历由开始学习时粗略形成技术阶段，到改进提高技术阶段，直至巩固运用技术阶段。

柔道基本姿势和步法的训练属于基础训练，在运动员刚开始训练时要对动作的规范有明确的要求，身体的姿势、重心的高低、手臂的位置、步法的移动都要严格要求到位。这些基础训练质量的好坏，将直接影响以后对其他技术的掌握。

（一）掌握技术的基础训练

第一，先练习平行站立姿势，然后练习右式站立、左式站立。

第二，练习高站立和低站立。

第三，练习寝技姿势和从寝技姿势迅速站起来成站立姿势或从寝技姿势迅速摆脱对方的控制。

第四，练习抓握方式。介绍两手手指相交错的联合并提示应该注意避免的方面。

第五，练习向前、后、左、右的移动。

第六，站好站立姿势，进行前后左右方向的移动。

第七，从站立姿势转成跪撑姿势，再从跪撑姿势转成站立姿势。

第八，练习上步、撤步、背步。

第九，通过教练的手势迅速向各个方向移动、跪撑与站立交替。

第十，两人配对练习上步、撤步、背步。

由于柔道的动作很多，在柔道技术训练中，不可能将所有的动作技术全都掌握，优秀的柔道运动员大都根据自己的实际情况选择适合自己特点的几种摔法，如身高占优势的运动员一般选择内股、大外刈等，身高较矮的运动员则喜爱选择背负投、小内刈等技术。

由于柔道规则的限制，能够摔倒对手并能有效得分的技术动作并不是很多，双方运动员经过专业训练，一般的技术动作对他们是不起作用的，因此柔道运动员在全面掌握多种有效并能得分的摔法之外，主要的技术练习还是要放在适合自己特点的个别的技术上，在训练中，反复练习这些个别的技术，即将其练成自己的"绝招"。

一般来说，在柔道比赛中，往往还是靠绝招来获取胜利。因此，一名柔道运动员在平时的训练中，在掌握了基本的柔道技术后，常练的还是自己的绝招技术。

由于柔道是两个人的直接接触对抗，即使自己的技术非常好，也只是相对来说的，因为自己的进攻技术是否得分，还要看对手是否能防守住自己的进攻技术。毕竟柔道比赛情况瞬息万变，因此柔道运动员在学会了基本的柔道动作后，主要的技术训练内容就是按照比赛的规则进行模拟训练，即平常所说的实战。

（二）熟练技术的提高训练

学习和掌握基本的柔道动作，进一步熟练并成为有效的柔道技术。练习步骤一般为：

1. 个人学习单个动作并反复练习。如练习背负投动作，拉手、上步、背步，同时转身、发力投出，运动员要按照技术要领一遍遍地反复去做，要设想对手就在前面。

2. 对此动作有了基本的概念和多次重复后，则由两人配对互相配合练习。此时一方要全力配合另一方，要求动作一定要到位。一人可连续摔对手 4~7 次，然后由对手再摔自己 4~7 次，这样摔 8~12 组，每两组之间可休息 2 分钟左右。在休息中，两人可以互相指出对方的优缺点，以便下一组摔时进行动作的改进，另外也可找其他队友或教练在一边观看并及时进行指导和纠正。

3. 若两人经过多次配合对此动作比较熟练后，则可让一方在配合另一方做动作时有一些抵抗，若使用动作的一方还能将动作完成得很好，则可逐步让其同伴增加抵抗力，直至全力抵抗，这种训练方法则称为条件实战。在这些练习中，教练员一定要及时发现并指出运动员的不足之处，使运动员能够形成正确的动力定型。在柔道训练中，条件实战是重要的训练手段之一，它主要包括以下几方面：

①同伴配合，但不抵抗，并创造时机和姿势以便进攻者完成技术。

②同伴配合，但不抵抗，不创造时机和完成技术的便利姿势，进攻者用自己的行动创造机会完成技术。

③同伴配合，同时积极地防守，但不全力防守，进攻者全力完成技术。

④双方运动员进行实战，一方进攻，一方反攻，但都不十分用力。

⑤双方运动员进行实战，限制一方运动员的进攻技术。

⑥双方运动员进行实战，限制一方运动员的防守技术。

⑦双方运动员进行实战，限制双方运动员的进攻技术。

⑧双方运动员进行实战，限制双方运动员的防守技术。

⑨按照柔道竞赛规则进行自由实战。

⑩按照规则进行实战。实战的时间可以根据训练的目的进行安排，如 1 分钟实战，则主要让双方运动员在短时间内学会抓住时机尽可能地多进攻并得分；6 分钟实战，则主要使双方运动员在超过正式比赛的时间内，学会在非常疲劳的情况下使用动作战胜对手，并达到培养坚强的意志品质的目的。

（三）巩固技术的绝招训练

在掌握全面基本技术的基础上，根据自己的特点，逐步练就并形成自己的绝招技术，并在实战中不断改进自己的绝招，争取使之成为自己取胜的法宝。

在技术训练中，长时间练习一个动作容易枯燥，可将两三个动作依次练习。

在技术训练中，有些动作是两个动作的组合，可先练习一个主要的动作，再组合起来练习，如后倒背转移，就可先练习后倒背，熟练后，再练习完整的动作。又如自由式柔道运动员在练习抱单腿转移时应先练习抱单腿动作，等动作熟练后，再练习抱单腿转移。

有些柔道动作幅度比较大，如过胸摔、夹颈背等，在练习时，尤其是在复习动作不抵抗的情况下，可垫一块垫子，尽量避免同伴被摔得过分难受。

二、柔道运动教学的心理训练

（一）心理训练概述

柔道运动员的心理训练，就是指通过各种手段对柔道运动员的心理过程和个性特征施加影响，培养和完善柔道运动员完成专项训练及竞赛任务所必须具备的各种心理素质和个性心理品质，并学会调节心理状态的各种方法的有目的的训练过程。

一般将心理训练分为长期心理训练和赛前心理训练两种类型。

1. 长期心理训练

长期心理训练又称一般心理训练，是指在整个长期运动训练过程中所进行的心理训练。长期心理训练的作用，主要在于促进运动员心理过程的不断完善，形成专项运动所需要的良好个性心理特征，提高运动员的自控能力，从而形成运动员参加柔道训练和比赛的适宜心理状态，为提高运动员技术水平和战术效果及获得最佳竞技状态和创造优异成绩，奠定良好的心理基础。

在长期心理训练中，要注意培养柔道运动员的良好心理动机、能够坚持大运动量训练和正确对待胜负的适合柔道专项所需要的心理品质。

由于柔道的直接接触对抗，竞争异常激烈，优秀的柔道运动员必须具备勇敢、顽强、果断、决不服输而争取胜利的良好意志品质，这些心理素质必须通过长期的心理训练才能获得。

在长期心理训练中，应注意以下几点：

①要把心理训练同身体训练、技战术训练及思想教育等有机地结合起来，使柔道训练中全面渗透着心理训练的内容。如在实战训练中，被同伴用绞技绞住时，教练员要及时教育被绞者一定要坚持抵抗，争取获得反攻机会，以此培养运动员逆境中坚持抵抗，决不认输的顽强的意志品质。

②使运动员自觉参与到心理训练中去，使他们认识到要获得优异的成绩，只是靠平时的技战术、身体素质训练还是不够的，心理训练也是训练的一个重要组成部分。要使运动员深刻了解心理训练的目的、任务和作用，充分发挥运动员的自觉积极性，教练员应熟悉运动员的个性特点，帮助运动员分析自己的心理品质发展的特点，使其逐步学会进行自我剖析和进行自我调节的方法。

③对运动员提出的心理训练的任务和要求，要坚持长期有计划、有步骤地进行，应循序渐进，逐步提高。并且针对每个运动员要做到区别对待，不能一概而论。由于教练的态度往往会影响运动员的情绪变化，因此教练首先要学会控制住自己的情绪，不要轻易发脾气，遇事要沉着冷静，处理事情果断、细致，使运动员潜移默化地受到良好的心理影响。

2. 赛前心理训练

赛前心理训练，一般在比赛前三周左右开始，是针对既定的比赛任务进行的短期心理训练。其目的在于使运动员能在较短时间内学会自我调节心理状态的方法，以便形成最佳的竞技状态。

在赛前心理训练中，应注意以下几点：

①进行针对性的赛前心理训练，必须首先对自己的队员有一个全面的了解，在明确了比赛任务后，适时激发运动员的比赛动机，使队员有参加比赛的强烈欲望。

②提出运动员经过努力能达到的比赛目标，使运动员对比赛充满信心。不要将目标定得太高，这样会造成运动员过分紧张和行动失常。

③教练员应尽可能地帮助运动员了解主要对手的情况，这也要求教练员在比赛时，不但要看自己队员的比赛，还要观察其他队的运动员的比赛，否则在下次比赛前就不能很好地和自己队员一起分析并共同制定比赛的战术。

（二）柔道中常用的心理训练方法

1. 模拟训练

模拟训练是用接近比赛的实际情况进行实战练习，以提高运动员对比赛的适应能力的心理训练方法。模拟训练可预防运动员赛前不良心理状态的发生，提高心理稳定性和应变能力。接近比赛的实际情况主要是适应比赛的环境，包括适应裁判、对手、观众、场地、灯光、比赛时间等方面。

在平时训练中，运动员对自己的训练条件比较熟悉，一旦参加比赛，有许多因素都会给运动员造成心理影响，模拟训练的目的就是在这些方面使运动员得以适应。方法有：

①按比赛要求进行实战：平时训练除非被压成双肩，一般都不记分，而模拟训练就要记分，使运动员增强比赛得分的意识。

②模拟裁判偏袒对手：裁判有意错判或反判，该给自己得分的不给分，用以培养运动员不被激怒、不受影响的心理素质。

③模拟比赛场地出现的不适应，垫子或硬或软。

④模拟比赛时间：平时训练一般在上下午，而比赛可能晚上进行，这又要有一个适应比赛时间和适应灯光强弱的问题。

⑤模拟赛前准备活动：在平时训练中，全队一般是集体做准备活动，而在比赛时，大都是自己独立做准备活动，并且马上就要在一起比赛的对手很有可能和自己在同一块垫子上活动，对手可能用语言刺激或在行动上给自己造成心理上的不良影响。如对手故意在一旁大声说"跟我比赛的那个根本就不行"，或是在自己面前显示出很有实力的样子等，以此锻炼运动员适应比赛环境，排除运动员参加比赛时可能产生的不良心理反应。

2. 意志训练

柔道的意志训练主要是指在勇敢、顽强、不服输等方面培养运动员，使运动员在克服各种困难时能够表现出这些良好的意志品质。训练方法主要有：

首先，加强良好动机和态度的培养。要通过长期的系统的正面思想教育，使运动员相信只有通过自己艰苦的训练，在训练中承受大运动量，才能实现自己的远大目标，这是运动员能够培养意志品质的原动力。另外要经常运用鼓励法，如表扬本队意志坚强的运动员；介绍本专业中意志坚强的人或事，等等。

其次，与实力强或体重级别高一级的队员配对互摔。在实战中，与实力强或高于自己体重级别的队员配对，自己虽然摔不过他，但却要有信心与同伴角斗并决不服输，以此培养队员的敢拼敢斗、勇猛顽强并一定要战胜对手的良好心理品质。

再次，通过大运动量训练培养运动员的意志品质。在平时的技术和各项身体素质的训练中，应严格要求运动员对待每一次练习，如被对手压成桥时决不认输。在训练课的主要部分快要结束时，运动员大都感到非常疲劳，这时就是培养运动员顽强意志品质的较好时机。

然后，使运动员正确对待伤痛情况。由于柔道是两人直接接触的激烈对抗，伤痛情况会经常发生，如手指、肩、肘、膝、脚踝等关节被挫伤、撞伤和扭伤，肌肉韧带被拉伤、耳部被夹挤成"菜花耳"等。教练员针对运动员的受伤情况，一方面要安排其及时治疗，另一方面要激发运动员克服伤痛的勇气和信心，安排好伤后训练；上肢受伤，就练下肢；左臂不能动，就练右臂，使运动员能够在这些训练中得到良好意志品质的锻炼。

最后，教练员要教会运动员学会自我培养意志的方法，使运动员学会自我暗示、自我鼓励和调节情绪状态以及主动克服困难的方法，这样遇到困难时，运动员会及时进行自我调整，从而在训练和比赛中需要发挥意志品质时能够表现出来。

第三节　柔道运动教学的理论与方法

一、柔道教学理论概述

柔道运动的教学是一个教育过程。教学与训练是从事柔道练习过程中的两个基本阶段。柔道的教学是在教师的指导下，学生掌握运动技术和技能的过程，是培养学生从不知到知的阶段（掌握必要的知识、技术、技能）；训练则是从知之不多到知之较多的阶段（提高、完善、发展技术技能）。这两个阶段既有区别又是密切联系不可分割的。因为在教学过程中，离不开训练实践；而在训练过程中，仍要不断地学习新的训练理论。

柔道运动的教学主要是通过柔道技术、战术的学习与掌握，形成一定的运动技能，更好地促进学生德、智、体的全面发展，从而进一步为提高技术、战术的运用能力打好基础。教师应充分发挥主导作用，学生则应表现出积极性与主动性。

（一）柔道教学的基本任务

第一，掌握柔道理论知识、技术、战术。

第二，发展身体素质，改善身体机能，增强体质。

第三，使学生初步具有柔道运动的教学、训练、竞赛组织、裁判和科研等工作能力。

第四，培养优良的思想和道德品质，以及勇猛顽强的意志品质。

（二）教学内容

柔道运动的主要教学内容是技术动作、战术方法、技能培养和有关理论知识。

1. 理论部分

①柔道运动概述。

②技术动作分析。

③一般战术的运用。

④柔道教学法。

⑤柔道竞赛（以规则为主）。

⑥发展身体素质的方法。

2. 实践部分

①技术动作教学：进攻的单一动作5~7个；连接动作6~8套。

②一般战术：进攻战术、防守战术、组合技术。

3. 技能培养

①教学实习，主要是由学生带准备活动或进行某个技术环节的教学。

②制订个人的课或周的技术训练计划。

③组织教学比赛与裁判实习。其中至少组织一次教学比赛，让学生组织和担任裁判。

其中在柔道技术、战术的实践教学中，要特别注意基本技术动作的规范化和战术基本方法的掌握，与此同时，向学生传授柔道基本理论知识，使学生正确理解技术、战术的概念、动作方法、规范要求、运用时机等。要在实践的同时，结合柔道运动的特点，加强组织性、纪律性的教育，培养集体主义精神和勇敢顽强、积极拼搏、克服困难的意志品质，养成谦逊礼让的高尚品德及尊师重道、讲礼守信的良好道德作风，最终目的是使学生成为德、智、体全面发展的社会主义建设所需要的专门人才。

二、柔道教学方法和步骤

教学方法是教师实现教学任务的具体手段，也是各项教学原则的具体体现。

柔道运动的教学应根据教学任务、技战术的系统性，合理安排教材的顺序。在进行任何技术动作或战术方法教学时，都应遵循教学原则的基本要求和运动技能形成的理论，结合柔道运动的特点，正确地选择和运用教学方法去完成教学任务。具体的柔道教学通常分为以下三个教学步骤：

（一）掌握技术动作，形成动作定型

1. 建立正确的技术动作表象和完整的动作概念

（1）运用直观法

主要采用正确的示范动作，使学生建立正确的技术动作表象。提高学生兴趣，激发学习的自觉性、积极性。为了建立完整的示范动作概念，一般先做一次完整的示范动作，再根据技术动作的结构和要求做重点示范，让学生注意力重点放到动作最主要的环节上。为了使学生能看清示范动作，要注意示范的位置及方向。

教师示范位置一般有：

①学生排成一列或两列横队，教师在前面。

②学生排成两路纵队，教师在中间。

③学生分为一列或两列横队，排成半圆弧形或马鞍形，教师在中间。

④学生人数较多，则排成三或四列横队，前面两排学生蹲下或坐下，且前后学生依次错开，教师在前面。所采用的示范面一般有侧面、斜面、背面和镜面示范四种。

总之，无论采用何种队形，原则上是教师示范的位置和示范面都应设法使学生比较清楚地观察到示范动作。

（2）讲解

运用语言法向学生讲解技术动作的名称、作用、方法、要领和要求，指导学生进行技术练习，正确的讲解有助于学生掌握技术动作，启发学生积极思考，加深对技术动作的理解程度，培养分析问题和解决问题的能力。讲解一般是按动作结构的顺序进行，然后指出技术动作的要点。讲解要通俗易懂、精简扼要，表达要生动形象。讲解的内容一般包括：

①动作的名称、类别。使学生先对此动作有个概念上的认识。如背负投是转身向前摔的动作，大外刈是直接摔的动作。

②站位姿势：使学生明白在对方处在什么站位时使用此动作才最有利。自己的站位如何根据对方的站位姿势来调整。

③基本要求：指对动作的要求，如夹颈背动作要求上步要快，转体要快等。

④动作规范：使学生明确动作的质量标准，力求动作规范，如身法、步法到位等。

⑤动作关键：使学生明白动作的关键之处，先掌握动作的主要环节。

⑥易犯错误：在学生练习前讲解易犯的错误，使学生意识到错误所在而力求预防；在学生练习中讲解，使学生主动去纠正错误。

⑦进攻后的连接动作：使之成为一套进攻体系，并与实战尽可能统一起来。

（3）试做

在示范与讲解的基础上，可让学生尝试与体会动作，将视觉、听觉、本体感觉联合起来，以便获得所要学习的技术动作的运动感觉。教师从学生试做中可以检验其对技术动作概念的理解程度，发现在实际完成动作时的主要问题，特别是技术动作主要环节的完成情况，对技术动作进行补充示范与讲解，以动作的规范来强化动作概念的形成。一个柔道动作的教学顺序一般为：基本站立姿势—手法—步法—身法—接触部位—摔的方向—结束姿势—连接动作。例如，体落的动作过程：甲乙双方以左实战姿势组合，甲左手抓乙的右前领，右手抓乙左袖，左脚上步移至乙两脚前，右脚稍跟步，左手上提，右手抬起肘臂向上拉，使乙的身体重心移向左前上方；甲身体右转并降低身体重心，右脚背步落于乙右脚前或乙右脚外侧，左脚迅速移至乙左脚外侧并稍从膝关节处弯曲，两人左脚成交叉；左右手顺势向前下方拉，左腿有一个从弯曲到绷直的过程，全身配合用力，将乙向前转体摔倒。

2. 掌握技术动作，形成正确的技术动力定型

根据技术动作的难易程度，正确地选择和运用教学方法。一般说来，一个柔道动作的教学，主要利用完整和分解两种方法，在练习中则辅以重复练习法和变换练习法。

（1）完整教学法

完整教学法就是从动作开始到结束，不分部分和段落，完整地进行教学。它的优点是便于学生完整地掌握动作，不致破坏动作的结构和割裂动作各部分的联系。简单的技术动作，如大外刈动作，就可采用完整练习法。这种教法的缺点是不容易掌握动作中较困难的要素和环节。如双手背负投动作的教学，用完整教学法时，初学者对拉手上步、背步下蹲、蹬腿发力这三个环节一般不容易掌握。因此完整法一般都是在动作比较简单时使用，或者动作本身就不易分解。

在教授复杂和较难的动作，采用完整法时，要突出重点。开始先重点注意技术的基础部分，然后再逐渐掌握细节部分；或先要求步法和用力方向，然后再要求到位和速度；并要广泛采用各种专门或诱导性练习，发展相应的肌肉及其协调配合能力，帮助学生体会关键的动作。

（2）分解教学法

把完整的动作合理地分成几个部分，按部分逐步地进行教学，最后达到全部掌握。其优点是可以简化教学过程，提高掌握动作的准确性，有利于学生感知和了解动作的各个环节；提高学生学习信心，有利于更快地掌握较复杂的动作。如后踢动作可分解为：转体、提腿、后蹬、结束姿势四个部分。但分解法如运用不当，容易使动作割裂，破坏动作结构，从而影响正确动作形成。因此运用分解法教学时应注意以下四点：

①划分动作各部分时应考虑到它们之间的有机联系，使动作各部分之间的划分不至于改变动作的结构。

②使学生明确所划分的部分在完整动作中的位置。

③要与完整法结合运用，运用分解法是为了完整地掌握动作。因此，分解教学时间不宜过长。

④分解示范有慢速分解示范和常速分解示范两种，一般先采用慢速分解示范，然后逐渐过渡到常速分解示范。同时要把慢速和常速的示范有机结合起来运用。

（3）两种教学法的比较与配合运用

一个动作的教法应取决于这个动作的复杂程度和学生接受运动技术的能力。学习简单技术时完整教学法比分解教学法优越，学习较复杂的技术时分解教学法较优越。但一个动作是简单还是复杂只是相对而言，对基础好的学生是简单技术，而对基础差的学生，可能是复杂技术。因此同一个技术对学习能力强的学生可能采用完整法比较适用，学习能力差的学生可能采用分解法更好。因此，在柔道教学中，两种方法是互相紧密配合运用的。运用分解法时，应积极创造条件以达到完整地掌握动作；在以完整法为主进行练习时，也可对动作的某个环节进行分解练习，这是根据教材的特点和教学的具体需要而定的。

在教学实践中总结出来的完整—分解—完整的练习法，是把完整法和分解法较好地结合起来的方法。就是在教学中首先通过示范、讲解和试做，让学生初步建立完整的动作概念；然后通过必要的分解步骤使学生进一步体会和初步掌握分解动作，接着尽快进入完整配合练习。

（4）重复练习法和变换练习法

学生在学习过程中，重复练习法和变换练习法也是要经常运用到的。

①重复练习法：一般在简化条件下练习，形成技术动作正确的动力定型。让学生在配合条件下，不断地重复练习某个动作。如学习单臂背时，抓住动作的主要环节集中练习上步、背步动作，暂时可以对接触部位等动作细节不做要求，等学生反复练习而基本掌握单臂背时，再对其各个环节提出要求并进行完整练习。在整个教学过程中学生并不是很顺利地完成动作，常会产生这样那样的错误，教师要善于预防和发现并及时纠正错误，这对于学生形成正确的技术动力定型十分重要。

②变换练习法。运用此法主要是使学生在复杂情况下巩固技术动作的动力定型。在柔道练习中通过变换完成技术动作的条件和练习的组织形式，加大完成技术动作的难度，提高完成动作的要求，从而达到巩固、改进和完善动作的目的。如同伴假进攻、实战中不准用绝招技术等。通过变换练习法，在反复练习中，注意纠正出现新的错误，使技术动作逐步协调、准确，达到进一步改进、完善动作的目的。

（二）掌握连接技术，学会初步运用

在掌握了多个技术动作的基础上，进一步巩固已形成的技术动作定型的同时，主要是解决技术之间的衔接，掌握各种连接技术，为在对抗条件下运用技术打好基础。

1. 根据技术的攻防性质划分

①进攻技术+进攻技术。

②进攻技术+防守技术。

③进攻技术+进攻技术+防守技术。

④进攻技术+防守技术+进攻技术。

2. 根据技术摔的方向划分

①前后连接技术，如小内刈+背负投。

②左右连接技术，如左出足扫+右出足扫。

连接技术的作用在于若第一个进攻技术成功了，则主要连接控制对手或继续得分的支撑动作；若第一个进攻技术没有成功，则主要根据具体情况连接下一个进攻或防守动作。另外许多运动员掌握连接技术，是利用某些动作为假动作来迷惑对手，使其防守时重心移动，在其调整重心时而乘虚而入，使用预先计划的第二个动作。要求假动作要做得逼真，而动作的改变要快速。如柔道训练中，进攻者先使用大内刈动作假进攻对方，待对方后撤或前顶时，再立即使用扫腰动作。通过如此反复练习，不断提高运用技术的应变能力。

（三）在实战对抗条件下，提高运用技术能力

在掌握技术动作和组合技术的基础上，在实战条件下，学会克服对手的阻挠和制约，达到准确、合理地运用技术。柔道动作学会后，还要在不断对抗中逐步达到非常熟练的程度。毕竟柔道是两个人的直接接触对抗，自己的动作做得再好，不能摔倒对手也是没有用的。因此必须通过不断实战，进一步提高技术的运用能力，从而在柔道训练和比赛中使用出能够摔倒对手的技术动作而获取胜利。

在柔道技术教学中，教学步骤不是一成不变的，而是要灵活地加以运用。一般地说，在开始教柔道技术时，要让学生掌握正确的技术动作，严格规范要求，反复进行练习。并在此基础上，与掌握组合技术的教学交叉进行，然后再转入在实战条件下进一步提高运用技术的能力和应变能力。总之，教学方法必须根据教学目的与任务、教材的特点、学生的实际和场地条件等具体情况来确定。教学过程中应充分发挥教师的创造性，从实际出发遵循学生的认识规律和动作技能形成的规律；讲求实际，防止形式主义。

第四节　柔道运动教学的原则与组织

一、柔道教学原则

教学原则是根据对教育的目的、教学过程及学生身心发展规律的认识，从教学中总结出来的。它是教学工作的基本要求，是教师在教学活动中处理思想性与科学性、理论与实践、知识与能力、主动与被动等各种关系的准则。在教学工作中能否正确地运用教学原则与教学效果有直接的关系。教师必须深入理解教学工作中的各种辩证关系，正确地运用这些原则，把教与学、主观与客观恰当地融为一体，调动一切积极因素，提高教学质量。根据柔道教学实践总结出来的教学原则有：

（一）自觉积极性原则

教学是教师和学生的双边活动，在这个对立统一的过程中教师起主导作用，学生是教学活动的主体。学生渴求知识，掌握技术的愿望和行动是完成教学任务的前提，在教学中必须把教师的主导作用和学生的主动性结合起来，教育学生明确学习目的，调动其学习积

极性和主动性，激发学生求知欲，培养学生热爱柔道的兴趣，引导学生独立思考灵活运用知识，使学生的学习成为自觉的行为。

在教学中学生的学习积极性主要表现为：遵守课堂纪律，学习刻苦，作风顽强，能完成规定的练习并能主动配合教师完成教学任务。贯彻自觉积极性原则应注意以下几点：

第一，要使学生明确学习目的，端正学习态度。要经常对学生进行思想教育，使学生认识学习柔道在增强体质和自卫防身等方面的意义，以促进学习的积极性和自觉性，树立为体育事业献身的精神。柔道教学中的思想教育应着重围绕以下几方面：培养勇猛顽强、刻苦训练的意志品质，养成严格训练、自觉遵守纪律、谦虚有礼的作风，培养团结互助的集体主义思想。教学开始应向学生宣布教学目的、任务、要求、考核项目与标准。每次课要使学生明确本次课的任务和要求，使学生有目的地进行学习。

第二，严密课堂组织教法，要合理安排练习的组数、次数、时间、运动量，调动学生学习的兴趣。有了兴趣，学习的积极性和自觉性就能提高，对初学者应通过思想教育，通过各种轻轻试打护具的练习，使学生逐渐消除惧怕心理，树立学好柔道的信心。在教学中要善于根据学生的情况提出合理的要求，使学生经过一定的努力能够完成，从而做到每一堂课都有新的体会和进步。课堂组织教法要多样化，可采用游戏和实战比赛的方法，尽量使教学气氛生动活泼。

第三，教师以身作则，处处做学生的表率。教师要有高度的思想觉悟和业务水平，注意自己的言行仪表，热爱自己的工作。对学生要严格要求、耐心指导、亲切爱护、一视同仁、建立良好的师生关系。在教学过程中，应随时了解柔道的理论、技术、教学、训练等方面的发展趋势，提高教学质量。

第四，恰当地运用以表扬为主，表扬与批评相结合的方法。

（二）直观性原则

直观性原则是指在教学中尽量利用学生的感官和已有的经验，通过各种形式的感知，丰富学生的感性认识和直接经验，使学生获得生动的表象，从而掌握所学知识、技术技能，并发展学生的思维能力。

人的认识要经过从感性阶段到理性阶段的过程。在柔道的教学中，学生除了通过视觉、听觉来感知动作的形象外，还要通过触觉和肌体的本体感觉来感知动作的要领、方位、肌肉用力的程度和方法，从而建立完整正确的动作形象和概念。因此，正确运用直观性原则，对提高教学质量是十分重要的。贯彻直观性原则可运用以下方法：

第一，利用不同的示范方法，建立完整的动作概念。示范的方法有：完整示范、分解示范、正面示范、侧面示范、背面示范、错误动作的示范、正误对比的示范、边讲解边示范等。示范时还要注意以下两点：

1. 示范的位置应使每个学生都能看见、听到。

2. 示范要主次分明、重点突出，进行示范前应对学生明确提出观看的重点和次序。教师可在完整示范后，再进行分解动作示范。

第二，运用生动的语言进行启发式教学，通过讲解、口令、提示、要求、指示、比喻、复诵、反问、提问等促使学生积极思考，加深对教学内容的理解。在讲解的过程中要注意与示范紧密配合，使直观与思维很好地结合起来，达到更好的效果。教授新动作时，讲解一定要配合足够的示范；复习课时示范要有重点、有针对性，讲解要有分析。

第三，运用挂图、图表、照片、幻灯、电影、录像等直观教具和现代化的教学手段进行教学。

第四，组织有针对性的观摩教学课、训练课和正式比赛。

（三）系统性原则

根据人们认识事物的规律，运动技能形成与人体生理机能活动能力的变化规律相适应，要遵循由简到繁、由易到难、由浅入深，逐步深化的认识过程，而教学是一个复杂的系统工程，是有计划、有组织、有步骤的行动。从教材的安排到每节课的组织实施，必须注意循序渐进，精心安排每节课的教学内容、练习方法、运动负荷以及采取的教学措施。使学生能系统学习，有效地掌握知识、技术和技能。

由于技术的难度和人的接受能力存在差异，不同的教学对象对同一技术难度的理解不同，就是同一教学对象，随着教学的进展，对同一技术难度理解也不同。因此简与繁、易与难、浅与深是相对的，不是绝对的，应该因教学对象、教学内容而定。灵活运用系统性原则，防止简单化、公式化。

在柔道教学中贯彻系统性原则可运用以下方法：

第一，制订切实可行的教学文件、大纲、计划、进度、教案，保持教学的系统性和连续性。

第二，根据教材的难易程度和各项技战术的有机联系，科学地安排教学顺序。课与课之间的教学内容要衔接连贯，并注意理论与技术、技术与战术的衔接连贯性，技术对身体素质的依赖关系，等等。

第三，严密组织教法，发挥教师的主导作用，可根据具体情况调整课的密度和强度。

第四，逐步增加练习难度，使学生总有新的攀登目标和努力方向，激发学生探求知识的欲望。运动量的安排要逐渐加大。

（四）从实际出发原则

从实际出发原则是指教学任务、内容、要求、组织教法和运动量的安排，都要符合学生的年龄、性别、运动基础和身体发育水平，还要符合学校的场地、设备器材的实际情况，实施适当的组织教法，合理安排课的密度和强度。

在柔道教学中贯彻从实际出发原则要注意以下两点：

第一，调查研究，切实掌握学生的具体情况，教师要通过各种途径和方法，全面掌握学生的柔道基础、思想意志品质、组织纪律性、身体情况以及掌握个别学生的特殊情况。

第二，一般要求与区别对待相结合，做到因人施教。在教学中，学生的情况不完全相同，既要照顾到一般学生的情况，又要考虑到个别学生的特点。

（五）巩固性原则

巩固性原则是指在教学中，要使学生牢固掌握所学的知识、技术和技能，能随时在记忆中再现这些内容，并能在实践中加以运用。巩固与提高是紧密联系的。技术的巩固程度为技术的提高创造了条件。因此，在柔道教学中，不仅要使学生自觉地去学习柔道知识和技术，而且还要让他们注意巩固已掌握的知识和技术，使学生在巩固的过程中不断提高。要使学生在较短的时间内牢固掌握所学的知识和技能，需要及时不断地重复，防止遗忘。知识的巩固要贯穿于教学的各个环节，贯彻巩固性原则，必须处理好技术动作的正确性与练习次数的关系。初学者以建立正确的技术概念，形成规范的动作为主，在此基础上增加练习次数，强化技术，达到巩固提高技术的目的。贯彻巩固性原则时可以运用以下方法：

第一，使学生明确正确的动作概念、要领和完成的方法手段，并了解所学技术的使用前提条件。

第二，反复练习，逐步消除技术动作的缺点，使之趋于完善，达到技术的正确动力定型。

第三，在掌握知识和技能的基础上，不断提出新的要求，以求达到新的高度。

第四，加强身体素质和作风培养。

（六） 理论联系实际原则

从培养目标和对柔道教学课要求的实际需要出发，合理安排理论部分、实践部分和技能培养的教学内容和课时数分配。理论部分主要采用系统讲授、专题讲座、电化教育、自学、作业与讨论等方式进行；实践部分主要采用教学、训练比赛相结合，以练为主的方式进行技能培养。主要采用带准备活动、部分课实习、制订教案和训练计划、组织教学比赛和担任裁判等方式进行。教学中一般先进行技术教学，使学生在运动实践中更好地了解一些动作要领，促使学生更快地掌握好动作。然后在实践的基础上再学习技术分析、教学与训练方法等理论，使认识由感性能动地发展到理性阶段。课堂提问、课堂讨论、课堂作业、教学实习等形式，可以培养学生运用已学习到的知识和技能的能力，养成分析问题和解决问题的习惯，并可使认识过程由理论回到实践中去。柔道教学证明只有把理论和实践很好地结合起来，并以教学中的主要时间让学生亲自参加运动实践，才能收到好的效果。

二、柔道教学的组织与进行

柔道教学是落实教学计划的具体教学形式。组织形式是根据教学的具体任务、内容和对象的特点而决定的。一般包括理论和实践两大类。理论中有理论课、自学辅导、电化教学（电影、幻灯、录像等）、座谈讨论、课外作业等形式；实践中有技术课、教法作业、教学实习、教学比赛、课外作业等形式。根据体育教学过程的客观规律，柔道课的组织结构基本上有四个部分：开始部分、准备部分、基本部分和结束部分。要根据课的任务、内容组织教法及学生的特点而有所侧重。而上好一节课应该处理好课前准备、课的组织实施和课后分析三个环节。

（一） 课的组织结构

1. 课前准备

①上好一节课首先要熟悉教材，明确所授教材在《大纲》中的地位和《大纲》对教材的要求。要明确教材的主次关系、重点和难点、组织结构、教法步骤及课的任务和要求。

②了解情况。充分了解学生情况是搞好备课工作的前提，只有充分掌握学生情况，才能使教学工作切合学生的实际，从而更圆满地完成课的任务。在所教的班级中，一般先了解学生的人数、年龄、性别、项目、健康状况和训练程度。另外还要了解学生思想情况和

组织纪律性，以及对过去教材的掌握程度，以便确定课的任务、内容和组织方法，正确贯彻一般要求与个别对待相结合原则。

③场地器材的准备和检查。

④书写教案。

2. 课的组织实施

(1) 时间分配及练习方法的选择

柔道的教学课一般由开始部分、准备部分、基本部分、结束部分四个部分组成。

①开始部分：约占全部时间的5%。它的主要任务是组织学生，使学生明确课的任务和要求。内容主要有集合报告、检查人数、检查服装、处理见习生、讲述课的内容、要求和思想动员等。

②准备部分：约占全部时间的15%~20%。它的主要任务是使身体各器官系统迅速进入工作状态，为基本部分的学习做好充分准备。一般包括如下内容：

a. 集中注意力练习。使学生建立适宜的兴奋性，把注意力集中到本次课上来。方法多采用小游戏，口令变化等，但此项内容应根据对象的具体情况而选择适当的练习，每次课不能形式主义地照例安排此项内容。

b. 准备部分。按活动性质和任务可分为一般准备活动和专门准备活动。一般准备活动主要是让身体各关节、肌肉群都得到活动。专门准备活动主要是在进行基本部分前，使与基本部分内容有关的身体器官做好充分准备，其动作性质要与基本部分内容相适应。如做一些阻力的模仿技术练习等。准备活动的内容和组织方法是多种多样的，但在课堂上必须根据课的任务、特点和学生特点正确组织和安排。

③基本部分：一堂课的任务主要在基本部分来完成，它的主要任务是使学生掌握和提高柔道的基本知识、技战术和技能，发展身体素质，改善身体器官的机能，增强体质，提高学生的身体训练水平，培养优良的品质。基本部分的主要内容包括技战术练习和身体素质练习，以及有关的理论知识和技能。安排练习内容时，技术练习安排在前，力量练习在后，动力练习在前，静力练习在后，学习技术练习在前，对抗练习在后；不同作用的练习穿插进行；发展身体素质的练习安排在课的最后；运动量的安排应逐渐增大。

④结束部分：约占全部时间的5%。它的主要任务是有组织地结束一堂课，使人体参与用力的肌肉拉长和放松，并转入相对安静的状态和进行课的总结。结束部分内容一般采用放松慢跑、放松练习、按摩及做些平静的活动性游戏，同时还要做课的总结和布置课外作业，最后整理场地器材。在实际教学工作中不能忽视这部分的内容，更不能因为其他原

因挤掉结束部分的时间，以至影响课的结束。

（2）能力的培养

能力是指运用掌握的知识和技术解决实际问题的能力。柔道的教学课，主要是培养学生的开拓精神，使其创造性地运用所掌握的知识和技术解决遇到的实际问题。具体表现在培养学生教学训练能力、组织竞赛能力、裁判工作能力、技战术运用能力，等等。培养能力的方法很多，如让学生带准备活动和部分技术动作的示范、讲解。

3. 课后分析

课后分析是总结教学经验，整理反馈信息，调控教学的有效方法。一堂课的质量总的应从完成课的任务的情况来衡量。而任务完成的好坏和教师课前的准备及课上的一系列工作是分不开的。因此，分析课的质量时一般应从如下两方面入手：

①分析教师课前的准备工作。包括是否掌握了学生的情况，任务是否定得正确，课的内容是否符合课的任务，课的时间分配、课的组织与教学方法的运用及教案的质量如何，场地器材的准备情况等。

②分析教师在课上的组织教法和教学工作的质量，教学原则的贯彻和教学方法的运用、密度和运动量的掌握、时间的分配是否恰当，练习是否达到要求，学生的自觉性、积极性是否调动与发挥，等等。

（二）课的组织练习与教法

1. 组织练习

学生在教师的指导下初步学会动作后，需要反复练习才能逐步形成较为正确的动力定型和技能自动化。教师组织练习的方法，学生练习的次数、时间都要根据学生原有的基础、课时总时间、教材的难易来决定。学生练习时要首先明确教师提出的具体要求和做法，认真地完成练习任务。一般常采用的组织练习方法有个人练习法、配对练习法、分组练习法、集体练习法和模拟比赛实战练习五种。

①个人练习法：学生单独一人练习，可以提高和加深对该动作的记忆并根据自身条件来理解动作，培养独立性，并能静心体会动作，不受他人的干扰。

②配对练习法：这是教学中常用的方法。由于柔道比赛是两人的直接对抗，在掌握了基本动作后，多进行双人的配对攻防练习。尤其是使用护具进行配对双人练习时要明确练习目的，强调安全性，防止受伤。

③分组练习法：在固定某一练习或进行循环练习时多采用分组练习法。如五人一组轮

流踢沙袋或踢脚靶等。一般是将体重相近的几个队员分为一组，或是将水平相近的几个队员分为一组。在练习中要互相配合，互相鼓励，休息间歇时可让同组人员互相指出优点和缺点，以共同进步。

④集体练习法：一般在学习新动作或教师领做动作时采用，强调动作的规范，要求令行禁止。教师应及时观察学生练习的情况，并及时给予集体纠正或个别纠正。

⑤模拟比赛实战练习：模拟比赛进行教学实战练习并进行针对性的讲解，使学生提高实际运用能力。

2. **教法**

在柔道的教学过程中，一般可采用以下六个步骤进行教学。

①示范在先，讲解动作。先由教师完整示范动作，使学生有一个全面的直观印象，然后可分解示范并讲解，将动作分为几个部分，包括步法、手法、接触部位、发力方向、易犯错误等。

②学生模仿，分解为主。学生跟随教师进行动作模仿，教师应抓重点讲要领，先让学生掌握动作的基本结构，然后再强调先后细节，直到学会完整动作。此时教师应及时发现带有普遍性的错误并给予纠正，个别可单独进行辅导。

③先慢后快，先掌握了基本动作然后再在速度、力量方面进一步强化。从一开始学动作就要求动作规范，教师应讲解动作的难点和使用条件，使学生逐步掌握动作的正确练习方法。

④条件对练，注意配合。在学生基本掌握了动作后，要求按照规定使用的动作，两人配合演练，并要互相照顾，点到为止。注意避免伤害，在进一步熟练的情况下，可进行一定程度的实战，使技术在实战中得到改进和提高。

⑤复习巩固，逐步提高。在学生练习和纠正错误动作后，再经过反复练习，并增加接近实战的各种要求，使学生逐步提高练习的速度和灵活运用技术的能力，直至基本掌握此项技术。

⑥自由实战，熟练技术。要求学生根据竞赛规则进行实战，充分发挥自身优势，利用所学技战术，争取战胜同伴，同时尽量避免受伤情况的发生。通过实战能检验学生掌握实用技术的熟练程度，进一步提高学生的实战能力，以此达到教学目的。

第五节　柔道运动教学的文件与考核

一、柔道的教学文件

（一）制定柔道教学文件的意义

柔道教学的全过程应严格地按照教学文件进行，才能有计划、有组织、有目的地进行教学，并能总结经验、吸取教训，逐步完善和提高教学质量。因此教学文件是柔道教学的依据，制定教学文件是教学工作的重要环节。

（二）种类及其内容

柔道教学涉及的教学文件有教学计划、教学大纲、教学进度和教案四种。它们的关系是：在教学计划指导下制定教学大纲，根据教学大纲制定教学进度，根据进度编写教案。

1. **教学计划**

教学计划是根据教学目的和培养目标制定出来的学校教学和教育工作的指导性文件，体现了国家对学校教育工作的统一要求，是学校组织教学的基本依据。教学计划对本专业的培养目标、修业年限、课程设置与学时、教学进度、教学环节和教学安排，以及成绩考核等都有明确的规定。为了落实和达到这些要求，就需制定本专业课程的教学大纲。

2. **教学大纲**

教学大纲是进行教学的主要依据，它规定了本课程基本内容和要求，是指导教学贯彻教学计划的细则文件，也是编写教材和教学进度的依据。教学大纲一般包括《大纲》说明、《大纲》文本、考试办法（规定考试的内容、方法、标准评分办法和要求）三个部分。

其中《大纲》文本包括以下内容：

①教学目的和任务，本课程与培养目标的关系，理论、知识、技术、战术和能力培养的总任务。

②教学的基本要求：教学的基本要求涉及的内容比较多，应根据实际情况有重点地选择内容，如教学改革、教学如何适应当前科学技术的发展，教师和学生应承担的义务。

③学时分配：大纲应明确规定本学科的总学时数、周学时，各类教材的授课学时和总学时的比例。

④教学内容：教学内容一般可分为理论部分、实践部分和能力培养部分。理论教学内容规定讲授的课题及各课题的内容，根据不同的学制确定教材的范围和深度。实践部分的内容有技术、战术等，教法各不相同，为了标明教材的主次关系，分为重点教材、一般教材、介绍教材，以便抓住教学的重点，保证教材的完整性、系统性。能力培养部分教学内容应根据教学的目的和任务，提出重点培养的几种能力及培养目的和方法。

⑤教学措施：提出保证完成教学任务的组织措施和教法措施。

⑥教材与参考资料：说明采用的教材和与大纲规定内容有关的参考书。

3. 教学进度

教学进度是科学地把教学大纲规定的内容和教学时数落实到每一次课的教学文件。教学进度是根据教材内容的内在联系和教学时数，以及教学的经验制定出来的，是书写教案的可靠依据。教学进度安排得恰当与否，与教学质量有密切的关系。教学进度的主要内容有：学年度、周次、课次、日期、教学内容。

制定和安排教学进度的基本要求：

①全面安排教学大纲规定的教材内容，重点突出。重点教材应安排在适当的位置，适当增加出现的次数，体现整个教学过程的系统性和科学性。

②理论与实践课要科学安排，密切配合。根据不同阶段的任务、要求，有针对性地安排理论课的教学，使理论联系实际，既要有利于指导实践，也要有助于在实践中获得的感性认识及时上升到理论认识，达到相互促进的作用。

除此之外，可根据教学的需要制定补充进度。把教学大纲纳入规范化、程序化的轨道。例如，柔道竞赛规则的教学进度，技能培养的进度等。

4. 教案（课时计划）

教案是教师经过备课，以课的组织形式编制具体实施的教学方案。教案的编制是根据教学进度，从学生的具体情况出发，考虑进行课程的条件、时间以及教材内容性质、课程之间的联系提出课的具体任务、教材内容安排与搭配组合，正确选择教法手段。教学的具体要求、时间的合理分配，反映出课的组织与状况。制订教案应从时间和教学手段上确保主要教材和讲授教材的教学，体现一定的难度和运动强度，并注意能力的培养。

编写教案的要求：

第一，具体拟定课的任务。每次课教师都要根据培养目标的要求、教学进度的安排、教材内容的性质、学生的实际情况提出一定的教学任务。任务要定得明确具体，切实可行并有所侧重，便于检查教学的效果。在不同课次可以分别拟定初步掌握、基本掌握、改进提高、熟练掌握、初步运用等任务，并尽可能地体现出训练方法和措施。如"通过实战练习改进后旋踢的应用时机"，而不是单纯的"改进后旋踢的应用时机"。

第二，钻研与处理教材。教师对每一个教材都应认真钻研，善于分析教材的性质，分清教学中的主次地位，正确地运用教学方法和手段。要抓住教材的要点、关键，要考虑学生的基础和接受能力，以便使学生缩短掌握教学内容的进程。

第三，注意课程之间的联系。在编写教案时，必须考虑本次课的任务、内容与前、后课次的联系，教材之间的联系，特别是柔道技术与技术、技术与战术、战术与战术之间的联系，同时也要从学生掌握知识、技术的实际情况出发，这样有助于教师连贯地运用适当的教法、手段来完成每一次课的教学任务。

制定好教学文件只是教学实践的重要的一环，要上好一堂课仅靠教学文件是远远不够的。作为一名教师还需要通过长期的教学实践不断学习新知识，不断总结经验，以提高个人的文化素质和教学技巧，才能较好地完成教学任务。

二、学习成绩考核

学习成绩是教学工作的重要组成部分，根据教学大纲所规定的考核内容与方法，在教学的各个阶段，都有必要进行考核，它能提高学生学习的积极性，检查教学效果。由于教学任务不同，考核内容、方法、标准、要求也有所区别。不断积累学生考核的材料，加以分析，将有助于提高教学工作的质量。

（一）考核目的

学习成绩考核的目的在于合理而准确地评价学生掌握理论技术、战术与技能的实际水平，促进学生勤学苦练。同时也是检查教师的教学效果，改进教学工作方式和方法，提高教学质量的重要依据。

（二）考核内容

柔道运动考核内容的选择，主要根据教学大纲规定的考核范围和方式，对不同年级、不同教学阶段的要求，选择那些最基本的、常用的、重点的技战术和基本的理论知识作为考核的基本内容，除了要考核基本理论、基本技术、战术以外，还要考核教学、训练的组织竞赛与裁判等基本技能。

（三）考核方法

1. 技术评定

技术评定是根据学生完成技术动作的质量进行评定。技评是否客观、准确，重要的是考核前将所要进行考核的技术按其动作结构和完成情况（腿法、步法、身法、方向、结束姿势等）按十分制或百分制合理地确定得分标准。考核时教师必须先根据学生做动作时主要环节完成的质量和每个环节出现错误的性质进行评分和扣分，然后计算其实际得分来评定其成绩。

2. 实战评定

考核学生技术、战术运用能力主要是采用实战的方法，根据学生实战中表现出来的战术意识、技术是否正确，应变能力、灵活性、协调性，动作使用率、成功率来评分。

3. 理论考核

理论考核主要采用笔试和口试两种方法：

①笔试：笔试分开卷和闭卷两种。闭卷考试主要是考核学生对需要记忆的理论知识掌握的程度，开卷考试主要是考核学生运用所学理论知识分析和解决问题的能力。前者适用于低年级学生的理论考核，后者适用于高年级学生的理论考核。

②口试：口试的方法适用于各年级学生。低年级学生可以通过课堂提问的方式进行。高年级学生可以通过专题答辩的形式。这样才可能真正了解学生掌握理论知识的深度和广度，分析问题和解决问题的能力及语言表达能力。

4. 基本技能考核

考核的方法主要是通过柔道教学实习、组织竞赛与裁判工作实习、课外作业（编写教学文件、竞赛规程、编排比赛秩序册等）、社会工作（如校内外的竞赛组织与裁判工作、业余兼职专项教学训练工作）等方法进行。根据学生的实际工作能力评定成绩。

5. 考核工作的基本要求

①加强思想教育，使学生正确对待考核，严格遵守考试考查纪律。

②从实际出发，根据培养目标的要求和学生的具体情况，注意区别对待，正确选择考核的内容与方法。

③在教学的开始就应告诉学生本门课程的考核内容、方法与要求，并进行身体素质、

技术的摸底测试，积累原始资料、数据，为制定适宜的考核标准和检查教学效果提供可靠的参考资料。

④考核结束后，要仔细核对每个学生各项考核成绩。对理论、技评、达标、技能的评定分比例要合理，然后对学习总成绩进行评定。

第五章 柔道运动技术

第一节　柔道运动的热身技术

一、第一堂柔道训练课

参加柔道课的学生大多数都是初学者，对于柔道技术是一张白纸，你的同学和你的水平是一样的。

教师会根据你的身高和体重、基本身体素质，选择与你相近的同学作为练习搭档。当然也可以根据自己的实际情况和需要多选择几个练习搭档。

柔道课堂中老师监管通常非常有力，毕竟柔道项目是对抗类项目，正常的磕磕碰碰是不可避免的，但是真正的受伤极少发生，这样才能锻炼身体和勇气。

第一堂课要对老师有一个基本的了解，他的名字，他的技术水平，他的教学风格，他会教给你什么，一名优秀的柔道老师会根据你的实际情况为你制定练习方法和学习目标，会开发你的潜能，但不会让你做不可能完成的事情。

在老师的指导下，学生的柔道技术适用能力被转变成为一种有创造性的能力，这种创造性会提高做事的质量。在实际格斗中，这种创造性使学生移动到任何他想要到达的位置，移动到对手根本就想象不到的位置。学会依靠自己的能力，直到你在防守与进攻时，能有一种平静与自信，这种自信能弥补技巧的不足。

学生们开始以一种平和、自控与自信的心态学习柔道了。随着他们不断地成长与变化，他们学着透视同伴的心灵，也观察他们是如何成长与学习的。

功夫不负有心人。不懈的努力与刻苦的训练，会使学生们提高自己的柔道专业水平，迟缓而踏实地朝着令人羡慕的高水平前进。但即使达到了较高水平，还有很多东西需要学习，因为这只是在漫长而艰辛的路途上迈出的第一步。

当成为一个较高水平练习者时，学生们发现他们会经历一种内心的转变。会感受到一种平静，并能更好地对身心进行控制。虽然学习的过程永远不会结束，但这种平静的感觉会长久地存在。

二、柔道的热身活动

当你离开更衣室开始你的第一堂课时，你必须记住柔道运动的基本礼节，向教师和同学们进行施礼和互礼是非常重要的。

课堂的第一部分，一般是在老师带领下做伸展性的练习。这需要 10~15 分钟，有一些道馆会用 30 分钟进行这一练习，甚至更多时间会用在准备活动部分。在热身活动之后，老师通常会让学生进行一些放松性练习和协调性练习，并传授一些技巧。

不管做怎样的伸展练习，记住伸展筋骨的练习对柔道练习者是最重要的，尤其对于一些柔韧性和协调性比较差的同学，一定要重视热身运动环节。

热身活动也是有一定原则和技巧的，要由慢到快、由弱到强、由外到内，先左再右，先前再后。首先需要在榻榻米上围绕场地慢跑 5 分钟左右，使身体进入运动状态，加快血液循环和新陈代谢，微微出汗。然后依次活动各个关节和拉伸韧带，要先从远离心脏的关节和韧带开始活动，由远到近、由外到内、由大到小，尤其是膝关节、肩关节和颈椎部分，这些活动通常都是完成二八拍或四八拍。最后还要进行综合性的热身练习，比如受身练习、折返跑练习、步法练习等。

热身运动的时候还经常采用一些游戏的方式进行，提升同学们的参与性。对初学者来说，聪明的做法是仔细地观察教师的示范，通过观察，你可以学到很多的东西。

充分的热身活动会使身体和精神状态做好练习的准备，减少练习中受伤的概率，当你熟练掌握柔道的热身方法后，就可以进行柔道专业摔法练习了。作为一个初学者，有许多的事情要学，要集中精力，不要白白地浪费时间。

三、基本站立姿势

柔道学员在训练和竞技中所采取的站立姿势，基本上分为自然体站立姿势和自护体站立姿势两种。

（一）自然体站立姿势

自然站立是一种高站立姿势，这种高站立姿势攻与防、进与退动作自然，便于进攻与防守。可分为自然本体、左自然体、右自然体。

1. 自然本体

两脚张开，与肩同宽，自然站立，两臂稍屈，两肘外展，上抬与胸同高。

2. 左自然体

保持正自然体，然后左脚微向斜前方迈出一步，做出侧身的姿势，左手在前，右手在后，左手在上，右手在下。

3. 右自然体

保持正自然体，然后右脚微向斜前方迈出一步，做出侧身的姿势，右手在前，左手在后，右手在上，左手在下。

（二） 自护体站立姿势

自护体站立姿势是一种低站立姿势，这种低站立姿势既能防对手的进攻，又能反攻对手的进攻。自护体站立姿势的基本方法是：上体保持正直、两腿略弯、身体重心下降于两脚之间，整个身体用力均衡。又分为正自护体、右自护体和左自护体。

1. 正自护体

两脚大步张开，腰部向下，含胸，降低重心，重心平分在两脚上。

2. 右自护体

保持正自护体姿势，右脚微向斜前方迈出一步，左手在前，右手在后，左手在上，右手在下。

3. 左自护体

保持正自护体姿势，左脚微向斜前方迈出一步，右手在前，左手在后，右手在上，左手在下。

（三） 两人基本站立姿势组合

两人基本站立姿势是在实际练习中两人站立姿势的几种基本情况，双方可能使用各种的基本站姿，从而有不同组合的双人基本站立姿势。

这样的练习还要进行双手如何抓握对方道服的基本练习，这种练习叫作捉襟。抓握对方道服不同的部位叫作把位，把位对于今后的技术练习是十分重要的，应当打好这方面的基础。

1. 双方正自然体和双方正自护体

双方以正自然体站立后，双方互用左手抓住对方的右中袖外侧，右手抓住对方左前领。

双方以正自护体站立后，双方互用左手抓住对方的右中袖外侧，右手抓住对方左前领。

2. 双方右自然体和双方右自护体

双方成右自然体站立，双方用右手抓住对方左前领，左手抓住对方的右中袖外侧。

双方成右自护体站立，双方用右手抓住对方左前领，左手抓住对方的右中袖外侧。

3. 双方左自然体和双方左自护体

双方成左自然体站立，双方用左手抓住对方右前领，右手抓住对方的左中袖外侧。

双方成左自护体站立，双方用左手抓住对方右前领，右手抓住对方的左中袖外侧。

4. 一左一右自然体和一左一右自护体

一方成右自然体站立，用右手抓住对方左前领，左手抓住对方的右中袖外侧。另一方成左自然体站立，用左手抓住对方右前领，右手抓住对方的左中袖外侧。

一方成右自护体站立，用右手抓住对方左前领，左手抓住对方的右中袖外侧。另一方成左自然体站立，用左手抓住对方右前领，右手抓住对方的左中袖外侧。

四、柔道的基本步法

（一）柔道基本步法

柔道步法是利用双脚的移动在运动过程中保持身体重心平衡的技术，为调整自身身体重心、控制与对手的距离、使用进攻或防守技术的基本技术。身体重心要始终保持平衡，就要靠步法移动来调整身体重心平衡，步法移动不当就有可能失去重心让对手摔倒。

步法是运用柔道动作时接近对方、远离对方、拉扯对方，是攻守方法的基础。掌握了步法便于掌握其他技术，而且有助于在比赛中发挥技术和战术。

1. 上步：一脚向前或斜前方踏出一步。

2. 撤步：一脚向后退一步。

3. 横步：右脚向左移动，或左脚向右移动。

4. 跨步：右脚向右移动，或左脚向左移动。

5. 滑步：向左或向右移动步子，除了施技需要外，切不可走成左右交叉步。向左移步先移左脚，右脚随即跟一步，向右移步先移右脚，左脚随即跟上一步。

6. 盖步：一脚从另一脚前面踏到另一脚外侧，盖步也是用于转体的基本技术。

7. 背步：右足由左足背后向左退一步，身体右转180度，左足原地转过来。一般情况是先作横步再作背步，背步后要屈膝，以便转体进胯。

注意事项：

1. 步子移动时，身体重心始终要落在两脚的前脚掌和脚趾上，重心不可落在全脚掌或脚后跟上。否则，就会影响步子移动的灵活性。

可以向8个方向移动步子。

2. 前进、后退，向左、向右移动步子，切不可像走步似的走动步子。

3. 前进时，前脚浮在垫子（榻榻米）上移一步，后脚随即跟上一步，保持好身体重心平衡。

4. 后退时后脚浮在垫子上先后移一步，前脚随即收回一步，保持好身体重心平衡。

5. 向左或向右移动步子，除了施技需要外，切不可走成左右交叉步。向左移步先移左脚，右脚随即跟上一步，保持好身体重心平衡。

上述这些基本步法，在乱取过程中变化很大，要根据当时具体情况，决定采取何种步法为宜。但最重要的一点，身体在运动过程中要始终保持好身体重心平衡，施技的主动权才能掌握在自己手里。

（二）身体的转移

在实战中双方互用技术时应保持冷静，采取正确的姿势，用熟练的技术动作，轻快的身体移动改变姿势。良好的身体移动可以形成有利的相对位置，便于更好地发力破坏对手身体平衡并且维持好自己的身体平衡。进攻或是防守的时候，把身体的移动方法叫作"身体的转移"。比赛当中，身体的转移是很重要的，经常使用的"身体转移"有三种：上步移动、撤步移动、背步移动。这三种是最为常用、最为有效的身体转移方法，当然还有其他的形式，在此就不一一讲解了。

1. 上步转移

双方以自然姿势面对面站立。一方以右脚、左脚的顺序向对方左脚前直角的位置上步。上步转移适于使用膝车、支钩插足等技术动作。

2. 撤步转移

双方以自然姿势面对面站立。一方以右脚、左脚的顺序向对方左脚前方将身体左转，与对方的身体成直角位置。撤步转移适于使用体落等技术动作。

3. 背步转移

双方以自然姿势面对面站立。一方以右脚、左脚的顺序将自己的身体从对方的体前转身背向对方，双方身体朝一个方向，背腹相贴。背步转移适于使用大腰、背负投等技术动作。

第二节　柔道运动的受身技术

一、柔道后受身方法

后受身方法是一种倒地自我保护的方法，同时练习身体的结实程度和内脏器官经受得起振动的一种有效方法。初学柔道时，首先要学会和掌握好受身方法。受身方法学会和掌握之后，若被对方摔倒也不会被摔痛和摔伤身体。每次投入训练之前，都先要做向前、向后、向侧倒地的各种受身方法。

学习后受身技术要由易到难，逐渐加大难度，先从仰卧状态开始学习手和头的动作，然后上半身坐起体会背部着地，逐渐过渡到半蹲后受身，最后到从站立状态下的后受身倒地，这是学习的第一个柔道受身技术，也是今后练习中经常用到的技术，大家一定要认真练习，熟练掌握。

（一）仰卧后倒基本动作

1. 动作过程

①仰卧垫上，双腿放松伸直。

②两手臂举起至交叉，两手掌自然张开，头部稍微抬起。

③手臂微屈，与躯干成30度~45度夹角，向体侧拍击垫子，要求两侧手掌和小臂同时拍击垫子，同时收头目视腰带。

2. 技术要领

①收头时以能看到腰带为宜，颈部肌肉要稍微紧张，不可太放松，目的是减少震荡，

保护后脑。

②两手背向上，五指自然分开，一定不能用手背或握拳拍垫子，否则会适得其反。

③两臂和躯干的角度约为 30 度~45 度夹角为宜，不可超过 90 度，否则很可能会伤到你的肩关节。

（二）坐姿后倒基本动作

1. 动作过程

①两腿自然伸直坐在垫子上，两手置于体侧。

②两臂前平举，稍收头，准备后倒。

③身体自然后倒，收头眼睛看腰带位置，背部着地同时，两手臂伸直用手掌和小臂同时拍击垫子，后脑勺尽可能不碰撞垫子，一定要目视腰带。

2. 技术要领

①颈部肌肉紧张，下颌要收紧，后倒过程中眼睛看着腰带。

②后倒过程中腰部放松前屈，背部一次着地。

③背部着地时两侧手掌和小臂同时拍击垫子。

（三）半蹲后倒基本动作

1. 动作过程

①蹲立垫子上，两脚跟踮起，两臂伸直，两手开掌。

②向后坐倒下，臀部、背部依次着垫。

③两臂伸直，两手掌和小臂拍击垫子，收头目视腰带，后脑勺尽可能不碰撞垫子，两腿自然伸直上抬。

2. 技术要领

①半蹲后倒时臀部靠近脚跟，减轻着地时的冲击，切记不可以向后蹬腿。

②两腿自然伸直后摆，后摆尽量不要超过垂直。

（四）站立后倒基本动作

1. 动作过程

①立正站姿，身体放松。

②屈膝两手臂向前平举。

③继续屈膝向后坐倒下时，臀、腰、背依次着垫。

④两臂伸直，手掌拍击垫子，两腿自然伸直上抬，收头目视腰带，后脑勺尽可能不碰撞垫子。

2. 技术要领

①正确地从站立姿势至半蹲姿势，向后滚动，整个过程要主动连贯。

②从站立姿势做半蹲姿势时臀部要靠近脚跟后再后滚。

③两臂前举要平行，后倒时要低头以保护后脑。

④两臂拍地时要用手掌和小臂拍地，不可以过分屈肘，或手撑地，如撑地容易使肘关节受伤。

⑤两臂与身体的角度不宜过大或过小，两脚分开的距离不要过大，以便使动作有节奏。

二、柔道前受身方法

柔道前受身方法是身体向正前方倒地的一种自我保护方法，前受身为缓冲身体向前倒下重力，免使身体正面撞击垫子。其练习方法如下几种，跪立前倒及站前倒地训练法。

（一）跪立前倒基本动作

1. 动作过程

①跪立垫子，两膝间相距 20 厘米。

②屈臂，手掌向前，手指自然分开，两侧小臂内收 45 度夹角，手置于下颌高度，上体直立向前扑倒下，不可屈髋。

③两手开掌，手指略向内，两手掌和小臂同时迎击地面，保持闭气，抬头勿使脸面着地。

2. 技术要领

①小臂内收成 45 度，在下颌前成八字形，用前臂主动拍地，争取缓冲，不可只用手掌支撑。

②髋关节不动，不要撅起臀部。

③在实战中没有这种倒法，但为了自己的安全，在练习中采用各种方向的倒法是必要的。

（二） 立势前倒基本动作

1. 动作过程

①两脚开立，比肩略宽，两手开掌，小臂内收成45度夹角，手指略向内。

②直体前倒，脚趾撑地，放松身体，集中意识。

③手掌小臂同时主动拍击地面，抬头向前，拍击同时闭气，收紧腹部肌肉，减少对内脏的震荡。

2. 技术要领

①向前倒时下腹用力，用两脚尖和前臂支撑身体。

②腹部和胸部以及膝盖不要着地。

③膝关节不能屈不能着地，尤其是初学者由于害怕经常发生屈膝或弯腰的错误。如果开始不敢尝试完全直体前倒可以先弯腰尝试，但一定不能屈膝。

三、柔道侧受身方法

柔道侧受身方法是身体向左右两侧方倒地的一种自我保护方法。练习时一定要左右两侧兼顾练习，侧受身法是在实际摔法中使用最多的受身方法，大家一定要多加练习，熟练掌握，甚至成为自己的一种本能动作。

（一） 蹲低侧倒基本动作

1. 动作过程（以右侧倒地为例）

①低蹲姿势，前脚掌着地，两臂侧平举。

②低蹲姿势，前脚掌着地，左手自然置于腰间，右手侧平举。

③右腿向右侧踢出，身体右转，身体右侧顺势倒地。

④倒下时用右手掌拍击垫子，手臂与躯干夹角成30度~45度，目视腰带两腿分开，右腿稍屈右脚脚背着地，左腿屈膝脚掌着地。

2. 动作要领

①右臂拍地的动作要大。

②为减少对身体的冲击可在身体着地时团身向右侧滚动。

③右侧倒地时，右腿稍屈，右脚背着地，左腿不可与右腿有重叠。

（二）直立侧倒基本动作

1. 动作过程（以右侧倒地为例）

①直立，两脚分开与肩同宽，两臂侧平举，掌心向下。

②右脚向左上方上步，左手置于腰部，右手侧平举掌心向下。

③屈左腿同时右腿向右上方踢起，臀部靠近左脚脚后跟顺势后倒。

④后倒时臀部、腰部、背部依次着地，并手掌和手臂拍击垫子，目视腰带。

2. 动作要领

①从站立姿势到蹲踞姿势时，用左脚后跟支撑住臀部，使臀部不着地直接向后倒。

②当臀部着地身体继续后倒时，原支撑的左脚也顺势上抬，最后左腿屈膝脚掌落地。

③最重要的一点就是左右大腿不能重叠落地。

四、柔道滚翻受身方法

（一）前滚翻受身基本动作

1. 动作过程

①两脚间与肩同宽，屈膝全蹲，两手撑地，两手两脚的"四点"构成正方形，重心稍微前倾。

②重心前倒，收头，眼睛向后看，让头后部轻微触地，两脚向斜前方蹬。

③重心继续前倒，两腿向斜前方发力蹬，肩背部着地。

④依靠惯性肩、背、腰部依次着地身体向前滚动。

⑤两手抱膝下部分，收紧身体，加速蹲起。

⑥两手前撑，稳定重心。

2. 技术要领

①前滚翻受身技术可以概括为八个字"蹬腿、收头、抱腿、蹲起"。

②蹬腿收头部分要果断，不能犹豫，不可以是前额或头顶部分着地受力。

③当前滚后半程，头部速度方向斜向上时抱膝，收紧身体，重心主动向前，可以更轻松蹲起。

（二）后滚翻受身基本动作

1. 动作过程

①两脚间与肩同宽，屈膝全蹲，两手撑地，两手两脚的"四点"构成为正方形，重心稍微前倾。

②两手向后推，收头，眼睛看腰带，重心向后。

③重心后倒，臀部主动圆滑着地。

④重心继续后倒，两手抱腿收紧身体，增加向后滚动的角速度，肩背部依次着地。

⑤依靠惯性腰、背、肩部依次着地身体向后滚动，肩颈着地时双手要撑地辅助保护。

⑥收紧身体，加速蹲起，两手撑地，稳定重心。

2. 技术要领

①后滚翻受身技术可以概括为八个字"推手、抱腿、手撑、蹲起"。

②开始双手向后推，之后身体要主动向后滚，抱腿团身，收紧身体，如果害怕打开身体或重心向前调整是无法成功的。

③当后滚后半程，双手抱腿后仰加速后，要快速准备后撑地，保护颈椎。

初学者练习后滚翻时如果没有双手的辅助发力颈椎是非常容易受伤的。

（三）侧滚翻受身基本动作

1. 动作过程（以右侧倒地为例）

①左手、左脚在前，左腿屈膝，右腿直腿，弯腰向前，重心落在左腿上。

②右手、右脚、左脚放的位置成三角形，左手指尖向内，右手指尖向前。

③向上提腰，低头，左手经右臂腋下后插，左脚蹬地，右腿上摆。

④左侧身体按左臂外侧、左侧背部、左侧臀部、左腿外侧依次着地，身体同时向右侧倒下。

⑤右侧手掌和手臂拍击垫子，左手自然放置在腹部，目视腰带。

2. 技术要领

①左手稍作支撑后，向右腹部回收，同时收头。

②左腿向前上方蹬腿，右腿支腿上摆，落地时右脚脚背外侧着地，左脚脚掌着地。

③过程中两腿不宜分得过大，避免将两腿交叉，起身时两膝弯曲、团身，然后把腿伸

直，大幅度地滚动。

（四）侧鱼跃受身基本动作

1. 动作过程（以右侧倒地为例）

①准备时要与起跳点有一定的距离。

②为增加起跳初速度可以助跑，但要根据实际鱼跃的距离和自身的弹跳能力而定。

③左手、左脚在前，左腿屈膝，右腿直腿，弯腰向前，重心落在左腿上起跳。

④左腿蹬地、右腿上抬，两手撑地缓冲，左手指尖向内，右手指尖向前。

⑤向上提腰，低头，左手经右臂腋下后插，右腿上摆。

⑥左侧身体按左臂外侧、左侧背部、左侧臀部、左腿外侧依次着地，身体同时向右侧倒下。

⑦右侧手掌和手臂拍击垫子。

⑧左手自然放置在腹部，目视腰带，成右侧倒姿势。

2. 技术要领

①左手稍作支撑后，向右腹部回收，同时收头。

②左腿向前上方蹬腿，右腿直腿上摆，落地时右脚脚背外侧着地，左脚脚掌着地。

③过程中两腿不宜分得过大，避免将两腿交叉，起身时两膝弯曲、团身，然后把腿伸直，大幅度地滚动。

第三节　柔道运动的投技技术

投技是以站立状态开始将对手摔倒的技术。

投技根据发力部位不同和主动倒地方式不同，又分为手技、腰技、足技、真舍身技、横舍身技。

手技，主要用手臂的技术。如"浮落"，即用两手把对方拉倒。

腰技，主要用腰背把对方摔倒。如"大腰"，就是抱住对方躯干，把对方背到背上摔下去。

足技，主要是用腿脚把对方摔倒。如"内股"，就是用腿把对方挑起来摔下去；再如"送足扫"，就是用脚把对方扫倒。

舍身技分真舍身技和横舍身技。

真舍身技是施技者主动先倒下，背部着地，然后再制服对方。如"巴投"就是施技者先向后倒，两手拉着对方，用脚蹬对方的腹部，使受技者从施技者身上翻滚过去，倒在垫上。

横舍身技是施技者身体先侧倒，再把对方摔倒，如"浮落"。

其中手技、腰技和足技又被统称为立技，真舍身和横舍身两种又被合称为舍身技。由于舍身技属于高级技术，需要一定的柔道基础，对于零基础的大学生来说难度较大，容易发生意外伤害，尤其是对颈椎的伤害，所以在这里就不介绍了，感兴趣的同学可以通过网络或书籍进一步了解，但切勿盲目练习，一定要在专业老师指导下进行。

一、柔道投技——手技基本技术

手技是在站立状态下主要依靠上肢技术用力，其他身体部分配合将对方摔倒的技术。这里介绍三种典型的柔道手技基本技术，即体落、背负投和一本背负投。

（一）体落基本技术

体落技术是将对手向其右前方拉，用自己的右腿拦堵住对方的右腿，抓住对方右袖下部，利用对方向前的惯性，使对方从自己腿和腰部翻倒下去的技术。

1. 动作过程

①双方互以自然体姿势抓握，施技方上手抓直门低手小袖。

②右脚上步，同时两手向对方的右上方提拉。

③身体左转，左腿背步背至对方两腿之间，然后迅速换重心，重心落在左脚，右腿向对方的右腿前伸出，右肩肘放松使右小臂顶在对方腋下，同时两手继续向右前方提拉对方，这个时候不要弯腰。

④右自然腿半屈拦堵住对方右腿成弓箭步。

⑤左手拉紧对方小袖向前下方牵拉，右小臂向前顶住对方腋下。

⑥两手继续向前下方牵拉，蹬直右腿，转跨转身，使对方产生最大向前的惯性。

⑦对方惯性向前，被右腿拦到后失去重心前倒，此时双手持续向下发力，右肩向下转。

⑧对方成左侧受身姿势倒地。

2. 技术要领

①施技方的右脚脚尖轻轻擦着垫子水平移动到对方的右脚前，两人的脚踝或小腿处紧贴，成交叉状态。

②两手的牵拉贯穿始终，发力方向依次是上、前上、前、前下、下，就像是画一个圆，力量始终是连贯的。

③右脚插步时切忌弯腰发力，过早发力会降低手部牵拉的力量，还很可能使自己失去平衡，导致动作失败。

（二）背负投基本技术

背负投，也叫作双手背负投，是将对方负在背上，集背、臂、肩、腰等部位的力量，将对方向前方摔下去的一种技术。

1. 动作过程

①双方均成自然体姿势站立，施技方左手抓握对方右侧小袖，右手抓握对方直门（左侧衣襟）。

②左手抓紧小袖抬肘翻腕向上提拉，右手上提对方过程中肘关节放松准备顶到对方右腋下，同时右脚上步到对方右脚前。

③两手继续提拉对手，右肘顶在对方右腋下位置，左背步背至对方左脚前，同时向左后方转身。

④做转身后顺势下蹲，两脚站稳，重心向前，屈膝立腰，与对方腹背紧贴，两手向前上方牵拉。

⑤蹬腿、弯腰、转肩，右肩向下，双手由下向里回收，全身各部位发力协调连贯。

⑥对方向前失去平衡倒地。

2. 技术要领

①右臂弯曲，手腕伸直，向对方的右腋下插入，左臂向前拉。把上体与对方贴紧，左手提拉时挺胸向上，可以更好地发力使对方失去平衡，也可以更好地使右肘插入。

②将双脚向对方的两脚内侧屈膝成八字形的平行进攻姿势，这样更加稳定。

③特别注意不能过早地弯腰，或弯腰幅度过大，这样会事倍功半。

④用力拉对手的同时，背步、转体、重心下沉三个动作要协调一致，紧接着低头、前顶、蹬腿三个动作要迅速完整。

(三) 一本背负投基本技术

一本背负投，也叫作单手背负投，是单手抓握住对方，将对方引拉到背上，集腰、背、肩等部位的力量，将对方向前向下摔的一种技术。

1. 动作过程

①双方均为自然体站立，施技方左手抓对方的右胸襟，右手抓对手左胸襟。

②抬左手向斜上方牵拉对手右臂，同时左手腕关节内旋，使对方重心向前，右脚上步至对手右脚前侧，脚前掌为主要支撑点，膝关节弯曲。

③左手继续提拉，右臂肘关节插入对方腋下，右小臂回收，将对手右大臂夹于自己右侧大小臂之间，上顶，要特别注意的一点是右手可以抓握对方右肩部分的道服，更有利于发力。

④左脚背步至对手左脚前侧，前脚掌为主要支撑点，以两脚掌为轴逆时针旋转身体，膝关节弯曲降低重心，从面对面状态变为同方向状态，背部靠近对手胸腹部，臀部贴近对手小腹部，重心在两脚前脚掌上。左手牵拉对手右臂向自己的左腰侧，右肘卡在对方右腋下，右臂环抱紧对手的右臂。

⑤右臂插于对手腋下，随左手方向牵拉，将对手向斜前方顶起，同时双腿蹬直，臀部支顶对手小腹，上体前躬，使对方双脚离地，被迫趴在施技方背上。

⑥施技方两手臂继续向前下方牵拉，同时弯腰，左转肩，右肩向下，头向左后方转。

⑦将对方向前摔下。

2. 技术要领

①一本背负投技术最强调手的牵拉，好的牵拉可以很好地破坏对方的重心，是成功使用技术的前提。首先左手抓握对方右侧衣襟时要发力准确，抬肘翻腕，使对方在两脚未动时重心向前上方移动，然后顺势右脚上步转体。

②右臂上插入对方腋下后，右手最好可以抓握对方的右肩道服，更有利于发力和动作稳定。

③一定是右肘垫在对方的右侧腋下，而不是在右肩之上，否则很容易动作失败，甚至被反攻。

④左脚背步后屈膝、立腰、抬头，身体重心落在前脚掌，这样才是最后发力的保证。

⑤背负投技术在使用过程中一定要动作连贯，拉手、弯腰、转肩，一气呵成，发力顺畅。

二、柔道投技——腰技基本技术

腰技是在站立状态下主要依靠腰部技术用力，其他身体部分配合将对方摔倒的技术。这里介绍三种典型的柔道腰技基本技术，即大腰、扫腰和袖钓入腰。

（一）大腰基本技术

大腰是一手抓对方的小袖把位，一手抱腰并抓其后腰带，将对方从腰背摔下去的一种技术。

1. **动作过程**

①双方成自然体站立姿势，施技方左手抓对方的右中袖把位，右手提拉对方左上衣襟，挺胸同时两手向上提拉，使对方身体重心向前。

②右脚上步，至对方右脚前，同时开始向左转身。

③左脚背步于对方左脚前，身体继续左转至与对方朝同一方向，屈膝呈半蹲姿势，同时右臂向对方左腋下插入，用右手搂住对方腰部或抓住对方腰带，屈膝抬头站稳。

④左手抬肘翻腕配合右手抓腰带向前上方提拉对手，蹬腿使对方离地。

⑤双手继续提拉对方，蹬腿弯腰，右肩下转，使对方失去重心腾空。

⑥以腰为支点大幅度弯腰，转肩，松右手，使对方向前倒地。

2. **技术要领**

①向前转体时，与对方的两脚成八字形站立，两膝弯曲，采取半蹲姿势，不可全蹲，为最后的发力做好预备姿势。

②转体后右手搂抱或抓握对方腰部上提，腰部要与对方的腹部贴紧。

③利用双腿快速蹬直的惯性，配合两手的提拉牵引，配合弯腰转肩的力量将对方摔倒。

④如果两脚之间的距离过宽或转身后屈膝不够，就不能很好地将腰贴紧对方，也不能将对手从自己的腰部摔下去。

⑤大腰技术在实战中直接使用的机会并不多，但以大腰技术为基础演变的其他技术动作，如扫腰、移腰等技术的使用频率很高，所以同学们必须先熟练掌握大腰技术。

（二）扫腰基本技术

扫腰是用腿扫对方的腿和髋关节部分，使对方从腿上翻倒下去的一种技术。

1. 动作过程

①双方均成自然体站立，施技方左手抓住对方右中袖把，右手抓住对方大领位置。

②右脚上步双手向前上方提拉对方。

③左手抬肘翻腕将对方向前上方提拉，同时向左转身，左背步于对方两脚中间靠前位置，身体右侧紧靠住对方的腹部。

④重心落在左脚，右腿拦对方右腿前，两手继续向前牵拉。

⑤弯腰，左转身体，右腿绷紧，用右腿去扫对方的小腿以上部分，同时配合双手的牵拉，左手向自己腹部牵拉，右手臂圈紧对方颈部向下发力。

⑥使对方从右腿上翻倒下去。

2. 技术要领

①扫腰技术是单腿支撑发力，支撑左腿位置要准确，背部在对方两脚之间靠前的位置，稍屈膝支撑稳定，这是最后发力的前提。

②右腿向上扫时要求双方的大腿和小腿都有接触，身体贴紧，身体远离或只扫小腿是错误的。

③最后发力要求右腿上扫摆、弯腰、转肩，同时支撑的左腿也要用力蹬直，发力过程一气呵成，动作连贯。

（三）袖钓入腰基本技术

袖钓入腰与钓入腰的基本原理一样，只是在抓把位置上有所区别。

1. 动作过程

①双人面对面自然体姿势站立，施技者左手抓握对手的右衣襟，右手抓握对手的左小袖，抬左手向斜上方牵拉左手腕关节做内旋，右手握紧对方左小袖通过头上向自己的右肩前上方牵拉。右脚上步至对手右脚前侧，脚前掌为主要支撑点，膝关节弯曲。

②左脚背步至对手左脚前侧，前脚掌为主要支撑点，膝关节弯曲。以两脚掌为轴逆时针旋转身体，同时右手拉对方左侧小袖向自己右肩前上方伸出。

③从面对面状态变为同方向状态，背部靠近对手胸腹部，臀部贴近对手小腹部，膝关节弯曲。

④向上蹬腿，右手抓握对方左小袖继续向前伸，使对方离地失去重心。

⑤弯腰，蹬直双腿，并转肩，右手向左下方牵拉。

⑥使对方向斜前方倒地。

2. 技术要领

①右手握紧对方左侧小袖，牵拉时要求手臂稍屈，伸直手腕，手始终保持在自己头部的右上方，这就是技术名称中所说的"袖钓"。

②做袖钓动作时肩肘关节一定要放松，否则袖钓不到位动作必然失败。

③最后发力要求弯腰、转肩，同时支撑的双腿也要用力蹬直，重心在前脚掌上，发力过程一气呵成，动作连贯。

三、柔道投技——足技基本技术

足技是在站立状态下主要依靠下肢技术用力，其他身体部分配合将对方摔倒的技术。这里介绍四种典型的柔道足技基本技术，即出足扫、送足扫、大外刈、大内刈。扫和刈技术尽量左右两侧都学会使用，如同种把位下左右两侧的出足扫和左右两侧的大外刈等。一般是用手和足上下两个反方向力"力偶"作用摔倒对方的技术方法。

（一）出足扫基本技术

出足扫是指当对方身体重心移动到向前迈出的右腿上时，或者刚要移动时，用右脚从后侧扫踢对方左脚，使其摔倒。

1. 动作过程

①双方成左自然体站立姿势，左手抓对方的右中袖把位，右手抓其上领襟。

②施技方左脚后撤步，同时向后提拉对方，使其右脚向前上步。

③当对方右脚向前迈步时，施技方顺势用左手下拉，右手上提，同时施技方出左脚向右侧扫对方的右脚脚踝处。

④施技方双手把对方向上提拉，使对方身体浮起，施技方用左脚脚掌侧向贴住其右脚踝外侧向右侧方向扫踢。

⑤左手下拉，右手翻腕上抬，配合左脚继续向右横向扫踢，形成力偶，使对方腾空。

⑥左手继续下拉使对方摔倒成左侧倒地姿势。

2. 技术要领

①左脚掌贴在对方右脚脚踝外侧，用力擦着垫子横向扫踢，切记用力方向是横向而不是向上。

②施技方把握时机，动作要快，以右脚支撑身体重心，支撑脚脚尖方向朝内，选择有利于扫踢的位置。

③自己练习基本动作时，用右脚支撑身体，用左脚掌横向扫踢。左手向扫踢的方向下拉，右手臂抬肘翻腕，两手像向右转动汽车方向盘一样。然后恢复自然体站立姿势，再用另一侧方向相反，动作相同的方法练习。

（二）送足扫基本技术

送足扫指两人向同侧方向移动时，如向左移动时左脚顺势向同侧方向扫踢对方的双脚，使对方摔倒的一种技术。

1. 动作过程

①双方成左自然体站立姿势，左手抓对方的右中袖把位，右手抓其上领襟。

②施技方右脚向右跨步，同时向右提拉对方，使对方跟随左脚也向右跨步。

③继续向右提拉对手，当对方右脚向右并步时，施技方顺势用左手下拉，右手上提，同时施技方出左脚向右侧扫对方的右脚脚踝处。

④施技方双手把对方向上提拉，使对方身体浮起，施技方用左脚脚掌侧向贴住其右脚踝外侧向右侧向扫踢。

⑤左手下拉，右手翻腕上抬，配合左脚继续向右横向扫踢，形成力偶，使对方腾空。

⑥左手继续下拉使对方摔倒成左侧倒地姿势。

2. 技术要领

①左手斜向下走弧线把对方右肘向左前方推送，右手顺势抬肘翻腕向上提。

②注意施技方在扫踢时，不要太弯腰，不能用脚尖踢而是把左脚伸直内旋用脚掌的力量，腰顺势转动配合用力，横向扫踢对方并在一起的双脚，使对方两脚并在一起。

③与对方不要完全正面结合，而要稍错开一些，偏向左侧，当对方向左移动时，两人拉开距离，再紧跟上重心顺势扫踢，这样更有利于发力。

④两人横向练习时，同向移动两脚并排，使双方都便于配合完成动作。

（三）大外刈基本技术

大外刈，使对方向右后方失去平衡，用右脚向对方支撑身体重心的右腿斜后方切割，这种技术叫作大外刈。大外刈中的"刈"字，本意为用镰刀收割，也有断和杀的意思，所以"刈"之类的技术要求快速、有力、方向准确。

1. 动作过程

①双方成自然体站立姿势，施技方左手抓对方的右中袖把位，右手抓其大领（后领）

位置。

②左手抬肘翻腕向对手身体右侧横向牵拉，右手配合左手同方向后推。左脚上步至对手右脚外侧，脚前掌为主要支撑点，膝关节稍微弯曲。

③身体重心前移至左腿成左腿单腿支撑状，施技方右腿经自己左腿与对手右腿间空隙向前直腿绷脚高抬，同时双手继续向对方的右后方牵拉，使其身体重心落在右腿上。

④左手牵拉对手右臂向自己的左侧，右手向对方的右后方下压，右腿直腿向体后撩扫对手右腿膝盖部位。

⑤左手向前下牵拉，右手下压，同时弯腰并向左顺势转体，右腿高扫，使对方腾空，头在下脚在上。

⑥对方失去重心倒地，成左侧倒地姿势。

2. **技术要领**

①左脚上步时应落在对方右脚外侧 1 厘米左右的位置，不能过远，脚尖方向朝正前方。

②右腿上抬和后扫时应当伸直腿，下压脚背绷紧，依靠整条腿的后摆力量将对方摔倒。

③左脚上步和右腿上抬时身体重心也要跟着向前，施技方的胯去找对方的胯，不要弯腰撅屁股，否则会大大降低最后发力的效果。

④最后发力时配合弯腰，转肩，两手配合发力，一气呵成。

（四）大内刈的基本技术

当对方向后或斜后方失去平衡，重心落在一侧脚上的时候，施技方用对侧腿从对方两腿间伸入，由里向外勾扫其支撑腿摔倒对方的一种折其支撑点的技术。

1. **动作过程**

①双方成自然站立姿势，右手抓对方的左上领襟（直门），左手抓其右中袖把位，右脚上步至对手右脚前，脚前掌为主要支撑点。

②左脚背步至对手两脚中间的前方，把左脚靠近右脚脚跟部，前脚掌为主要支撑点，膝关节弯曲。左手牵拉对手右臂向自己的左腰侧，右手向左手运动方向反向用力。

③身体重心移动到左脚上，用右腿向两腿间贴对方左脚脚跟处插入。

④右腿向施技方自己的右后方扫，左腿支撑要稳定。同时左手臂抬肘翻腕上提，右手用力向后推。

⑤施技方重心向前倚靠对手，双手继续配合后推。

⑥迫使对方向后倒下（施技方也可以跟随前倒）。

2. 技术要领

①右脚背步时落在对方两脚中间靠前的位置，形成一个等腰三角形，这样更稳定，有利于支撑和发力。

②向后做"刈"的动作时，脚不要插入得太深，右脚贴着对方左脚脚跟，脚尖轻轻地擦着地面划弧，向自己的右后方做"刈"的动作。

③插进右腿时，身体左转和对方成直角位置，从对方脚跟处插入，刈的时候左脚尖朝前，发力时身体右转形成正面位置，将对方摔倒。

④刈的位置不能太高，在对方膝关节以下，否则对方很容易移动其左脚逃离，使动作失败。

⑤特别注意一点，做大内刈动作要用正面姿势进攻时，如果右脚没有插进去或时机不好，很容易用膝盖撞击到对方的裆部，造成伤害，所以这一点需要特别注意。

四、投技的变化连接

在掌握一定的柔道投技之后，根据学习水平的发展，单纯地掌握某一个技术或几个技术是不够的，在实际使用中很难使用成功甚至容易被对方反攻，在实战中技术的使用是千变万化的，真真假假、虚虚实实，使用技术时机的创造，技术与技术之间的联系变化都是应该逐步体验和学习的。

柔道中提倡"形"和"乱取"练习，也就是通常所说的"套路"和"实战"练习。正如初学者的学习过程，开始时与搭档练习是根据标准的动作要求进行练习，一个礼节、一个受身、一个投技动作的标准化练习，就是"套路"，是规定动作，也就是柔道中"形"的练习。在学习一个阶段后，已经熟练掌握一些技术的标准方法了，就可以逐渐进行"乱取"练习了，在实战中真正体会技术的使用要领和技巧。

投技的变化连接是"乱取"练习的基础，在使用一个技术前要有一定的手法和步法来制造机会，或这个技术的使用是虚招，为了下一个真正的动作。

（一）变化连接的种类

变化分为两种，一是自己技术的连续变化，二是对方技术的连续变化。

1. 自己技术的变化连接过程

从不熟练到熟练的变化过程中产生一系列的姿势和适应个别技术的连续性变化，说明了自身掌握程度的提高。例如，迫使对方后退时使用技术进攻，反过来可以利用对方防守的力量，调转方向顺着对方反抗的力量发力将对手摔倒。

2. 合理地运用对方的技术，充分发挥个人技术的变化连接

当对方进攻时，一方可以原地防守，也可以后退防守，利用恰当的机会使用反攻技术，借用对方的力量将其摔倒。

（二）练习变化连接的要点

1. 首先利用进攻或防守的技巧，发挥自己的技术特长，这一点是非常重要的

可以有针对性地练习自己的拿手技术和相关的变化连接方法，自己拿手的技术或绝招在柔道中叫作"得意技"。开始可以和对方配合练习一段时间，当你对对方的技术特点有一定了解之后，再进行变化连接的技术练习，不能只练习一种技术方法，而是要练习多种连续变化的技术方法。

除此之外还可以把配合练习技术作为下一步进攻的手段，在训练和实战中首次交锋时，就应当预测对方下一步可能的动作，利用对方的习惯动作或弱点同时发挥自己连续变化的技术摔倒对方，技术提高到一定水平后，更要经常练习这些方法。

2. 要把对方的技术很快地变成自己的连续变化技术，为我所用

在对方进攻时，如果只是单纯地、消极地防守，你就不会发展出自己的变化连接技术，所以要更多地体会和掌握已学技术的变化连接，进行积极的变化和主动的反攻。

第四节　柔道运动的寝技技术

柔道讲的不是蛮力，讲求的是一瞬间的、集中发出的、高度机敏轻巧而具有相当力度的力。柔道运动是一项要求运动员具有全面身体素质的运动，它具备武术运动的灵活、敏捷，举重运动的力量，马拉松运动的耐力，短跑的速度，射击运动的准确性，足球守门员的反应，所以说柔道运动要求具有全面的身体素质。

柔道项目的技术主要包括投技和寝技两种技术。投技是指以站立姿势将对手摔倒的技术；而寝技是指从投技使对方倒下后，双方倒在垫子上进行较量的技术。

一、寝技

（一）寝技主要包括压技、关节技、绞技三种技术

压技是指通过使技，将对手仰面控制在垫子上，使其肩、背大部分着地，失去完全自由，而自己仍保持着充分的自由。寝技中的压技是柔道技术中重要的攻击技术，由于它不像投技那样对体力要求高，同时胜负也不是瞬间决定的，所以它比投技更具有稳定性。压技主要是围绕抱压技为中心来展开的技术，通过抱压技的练习，不仅提高了身体感知能力的敏锐性，也有利于其他技术动作的发挥。

关节技是指在对手的肘关节部位施用反关节技术。

绞技是指用各种方法控制对手的颈部，并使用技术压迫其颈动脉、颈静脉以及气管，使对方脑部缺氧而认输。

（二）寝技三种技术的具体动作

压技——袈裟固、崩袈裟固、上四方固、崩上四方固、横四方固、纵四方固、后袈裟固、肩固等。

绞技——裸技、送襟绞、片十字绞、并十字绞、逆十字绞、片羽绞等。

关节技——腕缄、腕挫十字固、腕挫腕固、腕挫腋固、腕挫腹固、腕挫膝固等。

二、寝技在训练和实战比赛中的重要性

投技占有优势而寝技一般的选手，在遇到寝技术优秀的对手时，其在实战中不一定能取胜。因为投技的使用和寝技的使用是相联系的。如果投技没有绝对把握赢对方"一本"获胜，那么在投技的使用上就会有所顾忌，缩手缩脚，不敢放开进攻，时时担心对手有机可乘，利用寝技进行反攻获胜，这样自己的投技优势就不能得到很好的发挥。但对比赛来说，进攻才是最好的防守，寻找机会大胆进攻才是最好的取胜办法，因此不敢进攻，等同于放弃比赛。

如果选手的寝技占有优势，那么在实战比赛中，他就敢大胆地使用投技动作来进攻。心理上没有顾虑，就不怕倒下去和对手打寝技，因此只要一有机会施展寝技，他就会利用自己的技术优势主动进攻，寻找机会战胜对手。利用自己的长处与对手的短处相争，自然获胜的概率就大。

在投技上有绝对优势，能在投技中以"一本"取胜对手，使对手不再有机会打寝技术，这种情况也常见。这主要是由于双方技术相差很大，或是有一方在比赛中处于高度紧张，心理素质不过硬，会导致被对手摔"一本"。

由以上情况看，寝技在柔道比赛中处于非常重要的位置。队员在投技术中要有自己的得意技，而在寝技上也要练就自己的得意技，要形成自己的风格。万变不离其宗，不管比赛如何变化，只要是打寝技，就有绝对的把握使用自己的得意技战胜对手，使对手不敢轻易地与你打寝技，给对手造成心理障碍，使自己在心理上就先胜对手一筹，这也是胜利的一个因素。

在训练中要想练出得意技，就要不怕枯燥的训练，每组、每次甚至无数次重复，不断摸索，只要有坚强的毅力和信念，就一定会练出你自己的得意技，在比赛中取得好成绩。

第六章 柔道运动的体能训练

第一节 柔道运动员的力量训练

柔道运动员的力量是指人体的肌肉和神经系统，在工作时克服或对抗阻力的能力。柔道是以腿法和拳法攻击对方得分的多少来决定胜负的运动项目，运动员在比赛的有限时间内，如果要使用技法始终保持高效率的攻击能力，必须有强大的力量来支撑。主要表现在上肢拳法的击打力量，下肢腿法的击打力量两方面。因此，运动员力量训练的部位主要是以上肢和下肢为主。

在不同的情况下，运动员使用不同的技法，力量的表现形式也有所不同，使用拳法、腿法时需要快速力量；在持续、激烈的相互攻击中，运动员的动作不能变形，力量不能减弱，需要力量耐力。因此，柔道运动员的速度力量、最大力量、力量耐力是力量训练的主要内容。为了满足不同技法对不同力量的需求，力量训练必须均衡发展。

一、最大力量的训练

（一）提高中枢神经系统支配肌肉工作的能力

通过改善神经系统的调节机制，提高中枢神经系统支配肌肉工作的能力，动员更多的运动单位参加工作，改善肌肉的协调能力来发展最大力量。这种训练途径能够有效地提高最大力量却不增加肌肉体积。柔道按运动员的体重分级比赛，增大力量而不增加体重显得尤为重要，以下六条途径可以达到这个训练效果。

1. 肌肉工作的刺激程度

在训练过程中，运动员除了学习动作、改进技术、模拟战术、条件实战等练习之外，不管是空击还是打脚靶、胸靶、护具靶、击头靶，都要求运动员用最大的力量和最快的速

97

度来完成每一个动作，保证神经系统的高度兴奋性，保证参与工作肌肉的刺激强度，从而提高训练质量，保证运动员最大力量的增长。

2. 肌肉工作的张弛适度

俗话说："一张一弛，文武之道。"运动员在未发出动作之前和发出动作之后或在动作的过程中，身体尽量保持相对合理的放松状态，尽量克服心情紧张、肌肉僵硬的状况。这样，有利于肌肉迅速补充能量物质，有利于神经调节机制得到缓冲，为发出下个动作积蓄力量，有利于缓解对抗肌对主动肌、协同肌产生负面的影响，从而保证下一个动作能够发出最大的力量。

3. 肌肉工作的方式

每个技法动作的完成，尽量合理地调动更多的大小肌肉群参与工作。例如前横踢动作，在发出动作之前，下肢尽量保持适度放松的状态，踢腿时不仅仅是大腿股四头肌、小腿主动肌参与工作，髂肌也要使髋关节前送，所有需要做功的肌肉不但要参与进来而且要快速收缩。又如用拳迎击对方躯干，仅仅依靠上肢肌群参与工作，力量再大也是有限的，拳谚"起于根，顺于腰，达于梢"的意思，就是要动员下肢、躯干、上肢，所有能够参与工作的主动肌、协同肌共同做功，使拳能够发出整体的合力。

4. 肌肉工作的距离

柔道踢腿动作产生力量的大小与肌肉工作的距离有关。同样的肌肉质量，工作距离短则力量小，工作距离长则力量大。柔道的踢腿和拳法动作，在不产生预兆和保证身体重心稳固的前提下，为了最大限度地发挥动作的打击力量，应该尽量加大肌肉的工作距离。特别是双方运动员在不断移动的动态变化过程中，肌肉工作应该及时调整好击打的间隔距离。调整间隔距离主要依靠步法的移动和动作姿势状态的调节，以保证肌肉工作能够满足发出最大力量所需要的长度。

5. 力量集中在力点

力点是指用腿踢、用拳打攻击目标时的具体部位。攻击性的动作在运行过程中，动作起点的初速度力量小，随着动作向前快速运行，力量逐步增大，脚背、脚底或拳面打击目标时，力点的力量应该达到最高值。平时训练，应该力争做到动作力量的最高值集中在被击打的目标上，以此来保证最大力量的打击效果。

6. 以气催力增加力量

气与力合，以气催力是整体观、和谐观在动作发力技巧上的具体体现。同时，也是增加动作最大力量的发力方法。运动员在活动过程中，始终保持腹式呼吸，气沉丹田。在发出腿法或拳法动作进行攻击时，不能憋气而要呼气，使呼气和攻击动作协调一致。以气催力可以起到增加动作速度、动作力量的作用，而且也能够加强自身的气体交换，对保持体力也有较好的作用。

（二）通过增加肌肉的生理横断面来提高最大力量

1. 最大力量训练的要素

①肌肉工作的方式：柔道运动员发展最大力量，应以克制性和退让性的动力性工作方式为主，等长收缩的静力性工作方式为辅。克制性是负重慢起，退让性是负重慢下，静力性是负重持续。男运动员可以采用负重深蹲，女运动员可以采用负重半蹲等方法。这种方法可以兼顾克制性、退让性、静力性的练习，关键是看教练员怎样要求。例如负重慢下、慢起兼顾了退让性和克制性，如果先负重慢下至半蹲后持续 5~10 秒再慢起，这样在完成一个动作的过程中，包括了退让性、静力性和克制性的三种练习方法。

②阻力的大小：克服阻力的大小是最大力量训练的要素，阻力的大小取决于练习的任务。在改善肌肉协调和肌间协调，不要求增大肌肉体积的最大力量练习时，负重的变动范围很大。克制性力量练习可在最大力量能力的 50%~60% 至 90%~100% 的范围内变动。退让性力量练习可在 70%~80% 至 120%~130% 范围内变动。改善肌肉协调应采用极限负荷和次极限负荷，肌间协调的改善应选择极限重量的 50%~60%，极限负荷和次极限负荷对改善肌间协调性的作用不大。

选择增大肌肉体积来发展最大力量时，采用的练习强度约为极限重量的 75%~90%。这种负荷的重量可以使每组力量练习的肌肉工作强度与每组重复的次数达到最佳组合。高水平的运动员由于具有了对静力性力量练习的适应能力，静力性力量练习的重量只有达到极限重量的 90%~100% 才有可能获得最佳训练效果。

③练习动作的速度：无论采用哪种方法发展最大力量，都必须保持较慢的动作速度，动作速度过快会使练习效果向发展速度力量的方向转移。另外，在进行向心力量练习时，如果动作速率过快，力量的最大发挥或接近最大的发挥，只能出现在动作的开始阶段，而肌肉工作的其他阶段因器械的惯性作用却不能获得应有的负荷。采用改善神经调节机制的途径发展最大力量，中等动作速度的练习效果最佳，每个动作的速度为 1.5~2.5 秒。为了防止慢速的最大力量练习而引起肌肉协调的劣变，导致肌肉快速收缩能力的降低，要把慢速的最大力量与快速的力量或动作结合起来练习。

④完成每组练习的时间：改善肌肉协调的最大力量练习，通常每组重复练习的次数为2~6次，完成每一组练习的时间约需3~15秒；改善肌间协调的最大力量练习，每组重复次数为15~20次，每组所需时间约为20~50秒；若以增大肌肉体积提高最大力量时，则每组练习的次数为6~12次的效果为最好，一组练习需要30~60秒。

⑤组间的休息时间：无论任何情况，都必须保证运动员无氧非乳酸能源和肌体工作能力的基本恢复。发展最大力量的组间休息时间较长，一般为2~6分钟。

⑥练习的组数：发展最大力量的练习组数，往往是根据运动员的训练水平，发展最大力量的性质、目的和方法而定，它具有变动范围较大的特点。一般来讲，改进肌内协调和肌间协调进行的最大力量练习，其重复的组数为2~6组；增大肌肉体积的最大力量练习，其练习的组数为5~10组。

2. 发展最大力量的常用方法

①重复训练法：其特点是负荷重量的大小随着肌肉力量的增大而逐渐增加。此法有利于改进发力的协调性，能迅速有效地提高肌肉力量，适用于训练的各个阶段和时期。负荷强度为75%~90%，每组重复次数为3~6次，组数为6~8组，每组间歇时间为3分钟。

②强度训练法：其特点是采用最大的负荷进行练习。训练时逐渐达到用力极限，然后继续用中上强度的负荷量，直到肌体对刺激产生劣性反应为止。此法特别适合高水平运动员使用，它有利于最大力量和相对力量的提高，却不增大肌肉的体积，不增加体重。采用这种训练方法需要较好的体力和心理的准备，还需要丰富的营养和良好的恢复手段做保证。负荷强度85%~100%，每组重复次数为1~3次，完成组数为6~10组，每组间歇时间为3分钟。

③阶梯式训练法：其特点是突出极限强度，几乎每个练习都要接近、达到甚至超过本人当天的最高水平。经过一段时间的训练以后，当原来的最大重量能够成功完成3次以上时，就可以适当继续增加重量。以此类推，使运动员的力量水平逐级提高。每级阶梯的训练时间为2周左右，如果运动员不能承受新的负荷，则退回到原来最高的阶梯水平，训练一段时间后再继续增量。负荷特征以90%的强度练习3组，每组重复2~3次；以97.5%的强度练习2组，每组重复2次；以100%的强度练习2组，每组完成1次；以100%以上的强度练习1~2组，每组完成1次。以上练习的间歇时间均为3分钟。

④极限训练法：其特点是进行极限数量的动作重复，直到实在练习不动为止。此方法对肌体施加了全面、深刻的结构性（肌纤维增粗）和机能性（心血管系统）的影响，是一种能得到肌内协调和肌纤维体积双重训练效应的方法。负荷强度为50%~75%时，每组

重复 10~12 次，组数为 3~5 组，每组间歇 3~5 分钟。

⑤静力训练法：其特点是用较大重量的负荷并以递增重量的方式进行练习。负荷为 90% 以上的强度，每组持续 3~6 秒，组数为 4 组，每组间歇时间为 3~4 分钟。

二、速度力量的训练

（一）速度力量训练的原理

速度力量是力量和速度有机结合的一种特殊力量素质，它具有速度和力量的综合特征。决定速度力量发展水平的主要因素是肌内协调、肌间协调和运动单位的快速收缩能力。肌内协调、肌间协调是指参与完成动作的主动肌、协同肌、对抗肌，不同功用的肌肉群、肌纤维能够精细地发挥作用。肌肉横断面形成的体积，在速度力量中的作用，要根据不同的运动项目、不同的运动方法、不同的运动特点来决定。运动员使用拳法、腿法需要多次、重复地发挥出速度力量，起主要作用的不是肌肉的体积，而是肌内和肌间的协调，以及肌纤维的快速收缩能力；肌内和肌间协调能力的提高，动作的技术也就更加符合生物力学特征和时空的特征。

（二）速度力量训练的要素

1. 肌肉的工作方式

发展速度力量主要采用动力性的，包括克制性的、退让性的等动和超长的工作方式。

2. 肌肉工作阻力的大小

肌肉工作的阻力可以在较大的范围内波动，视练习的动作性质和目的而定。重点发展爆发力时，阻力的量要大一些，提高动作的起动力量时，阻力的量要小一些。

3. 完成单个动作的练习时间

每次练习的持续时间，应该保持在不降低动作速度，不出现疲劳状态的情况下完成动作。通常每组练习的重复次数，可在 5~7 次之间波动，每组练习的持续时间在 6~15 秒之间波动。具体每组练习的重复次数和持续时间的长短，需要根据练习的性质、目的、阻力的大小、训练的水平、练习的结构、机能的状态等因素而决定。

4. 每组练习的间歇时间

不同的训练负荷，每组练习间歇时间长短的把握，是落实科学训练的一个重要因素。组间休息必须保证肌体工作能力的基本恢复和非乳酸性氧债的基本清除。一般来讲，发展动作速度练习持续时间短，间歇时间也短，发展专项耐力的持续时间长，间歇时间也长，每组训练的持续时间和间歇时间成正比。

例如，发展动作速度的练习，持续时间为10秒，间歇时间也可以为10秒；发展专项耐力的练习，持续时间是3分钟，间歇时间也可以为3分钟。如果间歇时间短，可采用消极性休息，如果间歇时间长，可采用积极性休息，在休息期间进行深呼吸，进行自我放松，进行局部肌肉的静力性牵拉，等等。积极性休息的目的就是为了帮助肌体尽快恢复到最佳的工作状态。

5. 专门动作速度练习的安排

运动员的日常训练，每一个动作都应该用最大的力量、最快的速度来完成，单个动作速度的练习寓于动作完成的过程中。专门的动作速度练习是指以最快的速度重复练习单个动作，这样的练习每周最多安排1~2次，每次安排5~8组。

（三） 速度力量训练的方法

第一，采用极限重量的60%~80%，以基本动作1/3的幅度举起重物，然后迅速放下，再立即以极限速度举起。每组次数3~5次，完成3~5组，组间休息30~60秒。

第二，采用极限30%~50%的重量，以极限速度重复7次，完成3~5组，组间休息30~60秒。

第三，采用等同比赛的阻力负荷，进行持续时间为6秒的等长练习，间歇2分钟，重复2~3次。再以极限重量的40%~50%的负荷，以极限速度练习4~6次，重复2组，组间休息1~2分钟。全套动作重复2次，中间间歇2~3分钟。

第四，各种拳法、腿法动作的快速击靶，要求以最快的速度、最大的力量完成。每组完成8~12次，每次完成5~10组，间歇时间视练习时间而定，练习时间持续越短间歇时间越短，练习时间持续越长间歇时间越长，间歇时间以30秒为起点，随练习时间延长而延长。

以上各种练习，可根据柔道技法动作的需要设计出多种组合，以发展运动员专项的速度力量和爆发力。

三、力量耐力的训练

（一） 力量耐力训练的原理

柔道运动员的力量耐力，反映的是一种在规定的时间内，在人体格斗激烈对抗的情况下，反复持续发出各种技法动作所要求的高水平肌肉收缩能力。柔道运动员力量耐力的发展，取决于比赛时的运动强度和持续时间。决定柔道运动员力量耐力水平的主要因素，是最大力量水平和能量供应系统的强度、容量、灵活性、节省化，以及肌肉抗疲劳的能力。

柔道运动员力量耐力是指完成非周期性技法动作的最大力量和持续时间的能力。进行发展力量耐力的训练时，必须创造与柔道比赛活动特点相适应的条件，采用的练习在内外结构上与比赛活动的真实性越接近越好，并力求体现出明显的专项力量耐力的特征。例如多次重复腿法的练习，力求表现高水平的启动力量和爆发力。

（二）力量耐力训练的要素

1. 负荷强度

柔道比赛的过程中，运动员多次重复各种不同的腿法，所需的力量耐力既有最大力量耐力，又有速度力量耐力，因此负荷的重量必须符合不同力量耐力发展的要求。腿法动作的力量耐力练习，阻力略超出比赛活动阻力的 5%~10%；在一般性力量耐力训练中，发展最大力量耐力，可采用 60%~80% 的负荷重量；发展速度力量耐力，可采用 40%~60% 的负荷重量。

2. 练习的持续时间

根据运动员练习时肌体的供能性质，动作的速度和负荷量的大小，每个动力性练习的时间有较大的波动。提高出腿力量耐力的练习时间可为 30~60 秒，总之，一组练习的次数和完成练习的时间，均应使运动员的肌体出现较大的疲劳状态。

3. 练习的间歇时间

练习与练习之间休息时间的长短，取决于练习的目的、性质、负重的大小、练习时间的长短和投入工作的肌肉数量。若练习的时间较短，需通过数组的练习才能达到极限疲劳，练习的间歇应在身体未完全恢复的状况下进行。例如，发展出腿动作的肌肉耐力的力量训练，持续练习的时间常为 30~60 秒，间歇时间短于练习时间 5~10 秒。持续练习的时间较长，并希望每次练习都达到满意的训练效果，间歇的时间应足以使肌体恢复至初始或接近初始水平。

4. 练习的速率

在提高一般性肌肉耐力能力的负重练习时，完成动作的速率要适中，过分追求动作速率会导致动作功率的降低。在发展专项肌肉耐力能力的练习时，动作的速率应尽可能与比赛活动的速率一致。

5. 练习重复数量的组数

发展最大力量耐力的重复总次数可达 60~100 次，练习 3~5 组；发展速度力量耐力的重复总次数可达 100~200 次，练习 3~6 组。

（三）力量耐力训练的方法

1. 循环力量训练法

运用各种类型力量训练方法的参数，选择若干练习手段，组成不同内容的"练习站"，并以循环的方式进行练习。循环练习可设计为发展最大力量、速度力量、力量耐力或综合力量的各种训练方案，整个循环使身体的各个部位和各肌群都得到锻炼。柔道力量耐力的循环练习通常采用 3~5 个"练习站"，每个"练习站"循环 3~4 次，总持续时间为 20~30 分钟。

2. 强度负荷法

采用 40%~60% 负荷强度，每组完成 10~20 次，总共进行 3~5 组，组间休息 60~90 秒。采用 25%~40% 的负荷强度，以快速的节奏完成练习，每组重复 30 次以上，完成 4~6 组，组间间歇 30~60 秒。

3. 重复训练法

采用低强度的训练手段，例如，体重级别不同的运动员持不同重量的哑铃练习拳法，腿绑沙袋练习腿法，每组重复 20~40 次，间歇 60~90 秒。特别需要注意的是负重练习专项技法动作，释重以后一定要进行短暂、快速的空击动作练习。

第二节　柔道运动员的速度训练

柔道运动员的速度是指在短时间内完成技法动作的能力。"快打慢""先发先至""后发先至"，都是对运动员使用技法击中对方在动作速度方面的要求。运动员的速度能力，对于取得比赛胜利起着至关重要的作用。柔道运动员的智能、技能和体能训练，从某种意义上来讲是以速度训练为中心，智能指挥的敏捷灵活、技能操作的快速运转、动作条件反射的反应速度都离不开体能的速度素质。柔道运动员的速度能力，决定着技、战术运用的成效。

一、速度的表现形式

柔道比赛，运动员使用技法的内容十分丰富，动作变化多，攻防转换快，攻中有防，防中有攻，对抗十分激烈。因此，运动员在体能方面，速度的表现具有多变性和复杂性，可以分为反应速度、动作速度、位移速度和动作频率四种表现形式。

（一）反应速度

柔道运动员的反应速度，是指针对对方运动员的意图和动作，在最短时间内进行应答的能力。反应速度可分为简单反应速度和复杂反应速度。简单反应速度是依靠人体"第一信号系统"，对特定动作或信号做出反应的快慢。简单反应速度是机体本能就具有的，例如，对方发出攻击动作时进行躲闪，对方前横踢我也前横踢，对方后横踢我也后横踢，等等。简单反应的特点是受对方动作刺激的支配，对方是主动的，自己是被动的，使用技法很难达到最佳的得分效果。柔道训练需要在克服运动员简单反应的基础上建立复杂反应。

复杂反应速度是依靠人体"第二信号系统"，按照柔道技法相生相克的原理，进行专门的训练培养出来的。例如，对方的姿势状态露出破绽主动抢攻，对方发出前横踢动作用转身后踢反击。复杂反应的特点是对方的诱导信号在自己的预料之中，自己是主动的，对方是被动的，使用技法的得分效果最佳。柔道运动员需要的是复杂反应速度，其训练的本质规律就是围绕着发展运动员相生相克操作技法的动作条件反射能力。柔道运动员的反应速度是一个最重要的身体素质，是使用技法击中对方的必备条件。

反应速度在柔道运动中，不但是运动员使用技法所需要的一个十分重要的素质，而且其具体内容涉及的范围也比较宽泛，主要表现在技法的运用与操作方面。包括对发出动作前有效间隔距离准确判断的动作反应速度，对选择时机、选择技法、选择部位的动作反应速度，对内动打抢攻、小动打迎击、大动打反击的动作反应速度，对相生相克使用技法动作条件反射能力所表现出来的反应速度等。反应速度是支撑柔道运动员技能水平的重要条件。

（二）动作速度

柔道运动员的动作速度，是指完成单个技法从起点、运行到终点时间的长短。完成动作的时间越短速度越快，反之亦然。柔道对运动员动作速度的要求很高，影响运动员动作速度主要有三方面的因素。一是动作技术的合理性，起点动作保持最佳的机动性，有利于动作的快速启动，运行过程的动作结构和动作细节合理、协调，身体的各个部分有利于产生动作快速的合力。二是神经系统的支配不但兴奋点集中而且强度高，无氧供能的能力强。三是参与做功的肌肉数量多和质量高。

（三）位移速度

柔道运动员的位移速度，是指身体移动通过一定距离所需时间长短的能力。完成动作的时间越短速度越快，反之亦然。柔道运动员身体移动的距离不是很长，每一个动作的移动都在30厘米左右的范围。身体移动的方法表现在两方面：一是步法的移动，在攻击对方运动员的距离范围之外时，用各种不同的步法配合相应的技法动作，快速抵达有效攻击距离的同时发出技法动作。二是能够快速地接近对方，为占据有利的攻击位置保证"进得去"，为了摆脱对方运动员的纠缠，重新调整自己的身体状态能够迅速地"出得来"。

关于上体的移动，上体移动是指运动员髋关节以下的身体部位相对固定，髋关节以上的躯干部位进行移动，主要用于制造机会和躲闪攻击。在制造机会时，用上体的左右虚晃、前后虚晃、上下虚晃动作迷惑对方，转移对方的注意力，让对方上当受骗，为自己主动进攻创造有利的时机。在躲闪攻击时，当对方运动员发出攻击动作时，上体前俯、后仰、向左右转移进行躲闪，躲闪的距离正好在对方攻击动作的终点之外。当对方的动作回收时，上体迅速跟进的同时发出反击动作。运动员上体的躲闪和跟进，不但动作要快速而且位置要准确，为自己发出攻击动作提供最佳的条件。

（四）动作频率

柔道运动员的动作频率，是指单位时间内完成攻击性技法动作数量的能力。动作频率主要表现在两方面：一方面是连击法的动作频率，运动员在使用组合动作时，单个动作的速度和连接动作的速度快、强度高。例如在做连续横踢动作时，不但动作连接得紧凑而且能够根据对方的姿势状态，准确地击中对方运动员的得分部位。另一方面是在一局或全场比赛中发出动作的数量，在保证动作合理性和有效性的前提下，发出动作的数量越多、动作密度越大，抓住的机会越多、得分的概率越高。要想保持高强度的动作频率，对运动员的无氧代谢和有氧代谢能力均有很高的要求，如果没有很好的体能支撑就不可能保持高强度攻击动作的频率。

二、速度训练的要素

（一）练习强度

速度练习强度的选择和安排，必须使运动员肌体产生最大功率的适应性变化，这种变化就是提高速度能力。练习强度的合理性有助于速度能力的适应性变化，练习强度应该在最大速度和最大强度之间，运动员以最大速度能力的90%~100%之间完成短时间的运动，有利于提高速度能力，低于这种速度会大幅度降低训练效果。因此，运动员训练时，必须以最快的速度、最大的力量完成每一个动作。

运动员进行大强度直至极限强度的动作速度性练习时，应该选择运动员已经熟练掌握而且技术巩固的动作，这样，可以使运动员的注意力集中在完成动作的速度上。否则，运动员的注意力会首先集中到完成技术的过程，不但分散了速度的注意力，而且降低了神经系统的兴奋性，会对速度性练习产生破坏性的干扰。

（二）练习的持续时间和训练量

击靶的反应速度练习和配对的模拟反应速度练习，持续时间的长短没有严格的规定，只要运动员处于适宜的兴奋状态就可以继续练习。对于动作速度和动作频率的训练，连续发出动作的持续时间必须严格控制在30秒之内，这个时间段是理论上保持最大速度的最佳练习持续时间。训练实践中，30秒左右的动作速度性组合练习，运动员也能保持极限强度或次极限强度的工作状态。训练量的控制以保持最大速度能力为准则，当疲劳出现不能继续保持最大速度时，应停止练习或转向其他内容的练习。

（三）间歇时间

间歇时间根据练习的持续时间和强度而定。一般来讲，连续发出动作的持续时间，也是组间休息的间隔时间。例如，10秒钟的踢腿连续击靶，组间休息的间隔时间也是10秒，然后继续下一组的练习，这种练习每个动作最多不能超过8组。其他组合练习形式的间歇时间以运动员得到最佳的恢复为宜，根据练习的强度和目的，休息时间30~60秒为宜，一般不要超过1分钟，休息时间过长会导致中枢神经系统兴奋性的降低。

三、速度训练的方法

（一）反应速度的训练方法

1. 重复反应法

运动员通过视觉观察并完成规定的单一信号应答动作的训练。陪练运动员专门发出"击靶"的信号，训练运动员专门进行"击靶"。重复反应法是教练员事先安排好持靶运动员的"击靶"方法，训练运动员专门采用某一技法进行"击靶"，如此反复地进行练习。达到规定的练习次数或练习时间以后，两个运动员互相交换。柔道的腿法可以用此方法轮换反复练习。

2. 视动反应法

运动员通过视觉根据观察到的复杂信号进行应答动作的训练。陪练运动员无规律地发出"击靶"的信号，包括不同的距离、不同的靶位、不同的节奏等方面的变化，训练运动员事先并不知道陪练运动员会发出什么样的"击靶"信号，必须高度集中注意力，根据"击靶"的不同信号，选择相应的技法和措施（包括步法的移动和动作姿势状态的调节）进行"击靶"。

无论是采用反应速度练习的重复反应法还是视动反应法，陪练运动员一旦发出"击靶"信号，训练运动员就要以最快的反应速度和动作速度进行"击靶"。陪练运动员的"击靶"到位，训练运动员的"击靶"动作也必须到位，"靶"与技法的击打动作同时在空中的位置交汇，这是反应速度和动作速度训练必须达到的基本要求。如果陪练运动员的"击靶"到位，然后等着训练运动员来"击靶"，这样，训练的性质就会发生本质的变化，变成了发展动作力量或动作速度的"击靶"练习，起不到训练反应速度的作用。

（二）动作速度的训练方法

1. 重复训练法

重复训练法是提高柔道运动员的位移速度、动作速度和动作频率经常采用的方法。重复训练法通常固定训练内容、训练时间，训练难度，反复地进行相同的练习。重复训练法不仅仅适用于提高运动员的速度能力，也适用于学习、改善、巩固运动员的基本技术，技法动作的基本技术经过长期、多次的重复练习，才能形成正确的动力定型。

速度性练习效果的好坏，很大程度上取决于运动员完成动作的强度和最大限度动员身体机能的能力。因此，采用重复训练法发展运动员的速度，在进行练习时，应充分调动运动员训练的积极性，将注意力、兴奋点、主观能动性高度集中到以最快的速度完成技法动作上来，并力求超过自身的最大速度能力。

2. 变速训练法

变速训练法是一种有节奏地变换速度练习强度的练习方法。运动员过多地采用极限强度练习，特别是极限强度持续重复相同技法动作的练习，会导致"速度障碍"的出现。如果还是采用相同的训练方法和相同的难度，不但不会提高反而会下降速度能力。在不同的训练课中，有节奏地变换速度训练的强度，会给运动员有一种新的速度感觉，引起心理和生理上的新变化，中枢神经系统和肌肉协调将重新适应新的要求。变速训练法既可消除极限强度训练单一化的弊端，又有利于轻松省力地完成技法动作，是有目的、有计划地提高速度能力和预防"速度障碍"的有效训练措施。

3. 刺激训练法

这种方法是在速度训练时，教练员采用各种手段激发运动员的肌体能力，在其方法的作用下提高速度训练的效果。

预先爆发性用力刺激：在专项速度训练之前，先完成 1~2 组上肢或下肢爆发性用力的练习，通过充分调动肌体进入良好的工作状态，来提高速度性练习的工作效率。

4. 递减阻力练习

在专项速度训练之前，运动员进行由重到轻的负重训练。阻力的降低，对于提高动作的速度有良好的训练效果。例如，上肢先采用拳击棒、哑铃、负重拳套，下肢先采用沙袋绑腿进行技法空击，然后去除负重进行空击。

5. 声响节奏引导训练

教练员通过掌声、哨声发出动作速率的指令，运动员完成技法动作尽量跟上声响的快速节奏，用声响来刺激运动员加快动作速度。

第三节　柔道运动员的耐力训练

柔道运动员的耐力，是指人体在长时间负荷下，抵抗肌体疲劳以及疲劳后迅速消除的能力。柔道比赛采用三局累积记分制，除了"KO"、弃权等特殊情况外，谁的得分累积得多，谁就能够获胜。运动员互相格斗对抗，体能的消耗很大，而且随着对手的运动水平变化，对手运动水平越高体能的消耗越大。能不能在激烈对抗终结之前保持充沛的体力，有没有很强的耐力素质对比赛的胜负有十分重要的影响。

一、耐力训练的原理

运动员的耐力素质分为有氧耐力、无氧耐力和混合耐力三种表现形式。不同的运动项目对不同耐力表现形式的依赖性不同，有的运动项目以有氧耐力为主，例如长跑；有的运动项目以无氧耐力为主，例如短跑；有的运动项目以混合耐力为主，例如人体格斗的对抗性运动项目、球类对抗项目等非周期性的对抗运动项目。柔道不但是一个非周期性的运动项目而且完成动作的连续性没有规律，运动员在格斗对抗时依靠无氧耐力，在互相寻找机会时依靠有氧耐力，在全场比赛中，运动员既需要有氧耐力也需要无氧耐力。

无氧耐力是机体在无氧供能状态下持续工作的能力，它取决于肌肉保持机能活动水平不变的持续运动能力。无氧耐力训练能够有效地提高非乳酸能和乳酸代谢系统的供能能力，提高机体对酸性物质的耐受能力。前者保证了技法动作重复高强度运动的工作强度，后者则保证技法动作在高强度完成的情况下技术不变形，体能不下降。

有氧耐力是机体在有氧供能状态下持续工作的能力。高水平的有氧耐力有助于运动员承受大运动量负荷的训练，在训练中有效地抵抗疲劳，尤其是有益于训练和比赛中间及结束后的快速消除。疲劳消除得越快，运动员再运动或继续比赛的能力越强，这对柔道运动员的训练与竞赛有十分重要的意义。

混合耐力是指无氧耐力和有氧耐力交替进行的综合体。混合耐力既有别于无氧耐力和有氧耐力，又要通过无氧耐力和有氧耐力来实现。无氧耐力和有氧耐力都是以一定的强度持续工作的能力，而混合耐力则是在断续的、反复的、高变强度的运动中，保持工作强度不变的能力。柔道运动员在进行短时、高强度运动时的运动强度，主要取决于肌肉的机能水平，肌肉在高强度的腿法工作后，必须尽快恢复且恢复至最高水平，才能保持反复高强度运动时的强度不变。而肌肉的恢复主要取决于心脏的最高机能活动水平，且心脏对高变强度运动的适应能力越强，越能使心脏在重复高变强度的运动中保持最高机能活动水平不变，保证高强度的腿法重复更多的次数。

在训练竞赛过程中，无氧耐力差的运动员，在几个回合的高强度运动冲击之后，会上气不接下气导致体能迅速下降。有氧耐力好的运动员与无氧耐力差的运动员正好相反，在运动过程中，虽然能够长时间地保持体能不下降，但是腿法的速度、力量达不到所需要的运动强度。针对这种情况，柔道运动员既要注重无氧耐力的训练，也要注重有氧耐力的训练，使无氧耐力和有氧耐力互相补充，从而保证运动强度的持久性。

二、耐力训练的要素

（一）训练强度

发展有氧耐力的训练强度，一般不超过最大速度能力的70%，运动心率可以控制在每分钟140~165次左右，运动心率低于每分钟130次左右的负荷刺激，不能有效地发展有氧耐力。发展有氧耐力的强度，通常以运动员最大能力的90%~95%的强度为主，也可采用次最大强度的各种负荷强度。

（二）持续时间

有氧耐力的持续时间变化范围较大，教练员需要根据不同训练阶段、训练水平和专项的需要来安排，原则上不少于20分钟，高强度、高密度和短间歇的有氧耐力训练，每组练习的时间为1~3分钟。大强度的有氧耐力训练以持续3分钟1组为宜。

（三）间歇时间

无氧耐力训练的休息间歇时间不宜过长，过长会引起后续训练机能能力的降低。可用心率指标控制间歇时间，当心率下降到每分钟120次左右时，开始下一次练习。大强度的有氧练习，在每组练习之间应安排1~3分钟的间歇时间，以保证堆积的乳酸得以氧化，使运动员得到基本的恢复时，才可以开始下一次的练习。

三、耐力训练的方法

（一）提高有氧耐力的方法

长时持续训练法：柔道训练一般安排20~30分钟，负荷强度的运动心率指标为每分钟150次左右。用于提高心脏保持机能活动水平不变的持续活动能力，发展运动员有氧代谢系统的供能能力。长时持续训练法是发展一般耐力的最有效的运动形式。

短时持续训练法：持续时间为5~10分钟，负荷强度的运动心率指标为每分钟160次左右，完成2~3组，组间间歇时间与训练时间基本相同。发展有氧强度状态下的供能能力，一般采用不同训练内容的循环组合方式。

有氧间歇训练法：主要用于发展运动员有氧代谢系统的工作能力。练习的负荷时间为6~10分钟，运动员负荷强度的心率指标为每分钟170次左右，练习的组数不宜安排很多，一般2~3组为宜。

（二）提高无氧耐力的方法

1. 强化性间歇训练法

采用单个或组合动作进行空击、打靶或打沙包的练习形式，采用最大的负荷强度，负荷时间通常在3分钟之内，负荷强度使心率指标控制在最高水平，间歇时间待心率下降到每分钟130次左右，即可进行下一组的练习。

2. 持续性间歇训练法

采用空击或击靶的练习形式，负荷时间通常在3分钟至5分钟之间，要求完成每个动作的强度不变，发出动作的频率、密度可以进行变化，有时频率、密度高，有时频率、密度低，高低穿插进行，负荷强度的心率指标，最高可达每分钟180次左右。这种方法主要用于提高非乳酸能和乳酸能系统混合供能能力和速度耐力。

（三）提高混合耐力的训练方法

1. 12分钟跑

12分钟跑是提高人体心脏最高机能水平的有效练习，要求运动员在12分钟内跑完2 800~3 000米距离，随着训练水平的提高逐步增加距离。

2. 变换强度跑

主要用于提高人体心脏对高变强度运动的适应能力，可采用快速跑20~40米，接着进入40~60米的慢跑，如此重复6~10次，完成2~3组，组间不用充分恢复。

3. 模拟强度练习

采用模拟柔道比赛的时间特征、运动强度变化特征和运动形式的特征，空击、打靶或打沙包的练习形式，每组持续练习3分钟，间歇1分钟，重复练习3~5组。

4. 专项对抗练习

运动员一人对一人，一人轮流对多人，高强度、高密度、多重复、短间歇地互相对抗。一人对多人时，不同的人可以采用不同的技法进行攻击。越是激烈的对抗比赛，越能发展运动员所需要的混合耐力。

　　柔道运动员的耐力训练是一项十分复杂而且科学性很强的训练任务，因为柔道运动员在比赛中，既要有很强的无氧耐力又要有很强的有氧耐力，而且运动员有氧和无氧两种代谢形式不断交替进行，所反映出来的混合耐力要求很高。因此，柔道运动员的耐力训练不但需要采用各种无氧耐力和有氧耐力的训练手段，而且需要对不同耐力表现形式的训练有严格的针对性和规定性。

第四节　柔道运动员的柔韧训练

　　柔道运动员的柔韧，是指身体各关节的活动幅度和肌肉韧带的伸展能力。柔道教练员和运动员一般都比较重视力量和速度素质的训练，而容易忽视柔韧素质的训练，因为力量和速度素质对于技法产生效果的作用是显性的、直接的；而柔韧素质对于技法产生效果的作用是隐性的、间接的。然而，实质上运动员的技法，特别是腿法完成动作的质量，与运动员的柔韧性有密切的联系。如果运动员肩、腰、髋等关节的柔韧性不能超过技法最大活动范围的要求，由于肌肉、韧带的僵硬，动作受到肌肉、韧带的限制牵拉，不仅会使动作幅度减小，影响到动作的协调性和灵活性，而且会影响到动作力量和速度的发挥，还容易使运动员的身体受到损伤。显然，柔韧素质对于运动员技能的发挥有十分重要的作用。

　　由于柔道教练员和运动员对柔韧素质影响技能发挥的作用没有引起足够重视，在训练的过程中，很少有教练员专门安排柔韧训练的内容，也没有建立柔韧素质的训练指标。一般都把训练准备活动的肢体伸展运动当作柔韧素质的训练，这样的处理方法永远不能达到柔道运动对运动员柔韧素质的要求。柔韧素质的训练一定要与准备活动的伸展运动进行严格的区分，柔韧素质训练的目的是要逐步加大关节肌肉、韧带活动的伸展范围，而准备活动的目的是在训练前使关节的活动能力达到应有的水平。柔韧素质的训练与准备活动的伸展运动有本质的区别。

一、柔韧训练的要素

（一）拉伸强度

　　柔韧素质训练的拉伸强度，是指施加于运动员肌肉、韧带伸展活动用力程度的大小。

用力程度包括外力的作用和自己的用力，都以运动员的自我感觉来控制练习强度，当肌肉感到胀痛时，可加大拉伸力度或保持拉伸的力度。当肌肉感到有像针尖扎的刺痛感时，可停止加大拉伸力度或保持这种强度。

（二）拉伸速度

柔韧训练的拉伸练习，可用缓慢逐步加力的速度，也可用急促的速度，还可用快慢相间的速度。快速拉伸从起点到肌肉能够承受的止点后，再回到拉伸的起点，反复地快速进行。慢速的拉伸可以放松对抗肌，不容易引起牵张反射，训练效果好；急速的拉伸符合柔道技法运动的性质和特点，二者可以有机地结合进行训练。

（三）练习量

对肌肉、韧带拉伸的重复次数、组数和持续时间，取决于关节的性质和特点、运动员的年龄和性别。技法动作常用的主要关节可多训练，在一堂训练课中，每组练习一般反复10~12次，外力加压的静力性拉伸可持续2~3分钟。

（四）间歇时间

柔韧训练的间歇时间，是指柔韧训练的时间安排。由于肌肉、韧带的拉伸有很强的伸缩性，每次持续反复的牵拉可以使肌肉、韧带伸展，停止下来以后，经过一段时间又可回到原来的状态。因此，柔韧素质的训练必须保持经常性和持久性。经常性是指每次或每天的训练课，都要安排柔韧训练的时间和内容；持久性是指运动员只要参加训练，就要永无止境地进行柔韧素质的练习。

二、柔韧训练的方法

（一）动力拉伸法

动力拉伸法，是指先用力将相关肌肉和韧带下压至极限或次极限程度，然后放松回到原来的位置，如此有节奏地反复进行运动。动力性拉伸法的好处在于肌肉和韧带拉伸、放松刺激的节奏性，不易使被拉伸的肌肉和韧带感到疲劳。

（二）静力拉伸法

静力拉伸法，是指用力将肌肉和韧带下压至极限或次极限程度以后，保持稳定的静止状态。保持静止状态的时间与下压的程度和运动员的柔韧素质有关，下压的强度大，柔韧素质差，固定保持的时间短。不管怎样都以运动员被压的感觉为标准，肌肉和韧带只要没有刺痛感就可以继续加力或继续保持训练。

动力拉伸法和静力拉伸法，有主动训练和被动训练两种形式。主动训练是运动员依靠自己的力量完成，包括动力拉伸和静力拉伸在内的拉伸练习。被动训练是在运动员主动拉伸的同时，教练员或同伴用外力帮助完成拉伸练习，外力的大小一定要掌握适度。否则，被牵拉运动员的肌肉、韧带部位容易受伤。

第五节　柔道运动员的战术训练

一、柔道战术训练

（一）柔道战术理论

柔道战术是根据比赛双方的情况，正确地分配体力，充分发挥己方特长，限制对方特长，为战胜对手而采取的合理有效的计谋与行动。技术、身体素质、心理素质、智能、思想作风等都是柔道战术的基础。运动员掌握的技术越全面、熟练、准确，心理素质越稳定，思想作风越过硬，战术的实现也就越有保证。

当前随着运动员竞技能力的日趋接近，心理战术也显得越来越重要。柔道比赛中的心理战术是指通过一些特定的方式和措施，造成对对手心理上的影响，而争取比赛胜利的战术行动。在比赛前和比赛中，运动员都会利用各种机会影响和扰乱对手预先或临时制定的战术，破坏对手正常的技术发挥。如在赛前试垫训练时故意炫耀自己的实力：一般在比赛前一两天，主办单位都会安排各队试垫训练，以适应场地；几个队在一起训练时，可将自己的良好竞技状态表现出来，故意显示出跃跃欲试，技术全面，以给对手造成心理压力。

现阶段，运动员主要是根据对对手了解程度的多少来制定战术。

1. 熟悉对手

由于每年比赛均是打同一个级别，对对手的长处和缺点都比较了解，所以在比赛前就制定好了比赛的战术，如知道对手耐力比自己差，则一上场就连续进攻，迫使对手疲于招架，体力消耗很大，这样自己就占据了主动。

2. 不熟悉对手

对手今年刚参加这一级别的比赛，或是从低一级升上来，或是从高一级降到这一级别的，由于对对手的情况不太了解，只能在比赛上场之前的准备活动中和即将上场比赛时观察对手。由于柔道比赛是两个人的直接对抗接触，一般在比赛开始后的 30 秒左右就能大概了解对手的基本情况。如对手是技术型而力量不大，或是力量型等，此时则依据"发挥自己的特长，限制对手特长"的原则来制定战术。战术的实质就在于使运动员能在柔道比赛中依据各种可能发生的情况，运用自己平时训练中所练就的各项技能，最有效地发挥自己的优势去战胜对手。就一场柔道比赛来说，一般所实施的战术应结合以下两方面进行：

①结合身体素质优势采取的战术：如果自己在力量、速度、耐力等身体素质方面占有优势，则可制定和实施能够发挥自身优势的战术。

②结合技术优势采取的战术：充分发挥自己技术好的优势，善于捕捉和创造战机。

柔道战术训练的目的是培养运动员的战术意识，促进其专项智能的发展，使运动员能够在比赛中熟练运用所掌握的各种柔道技术。

（二）柔道战术训练的方法

第一，根据自己的特点，围绕自己的绝招设计战术，确立自己的战术指导思想。

第二，在同伴降低抵抗程度的条件下进行战术训练。

第三，与轻于自己体重的小级别配对实战。

第四，与重于自己体重的大级别配对实战。

第五，限制自己或限制同伴的条件实战。如规定自己在一局实战中，只能使用一种战术；或是同伴在这一局实战中只防守不进攻。

第六，模拟比赛进行的针对性训练。如假设还有 30 秒钟就要结束比赛，自己还输给敌手一分，要求在这 30 秒钟内实施能够战胜对手的战术。

第七，进行教学比赛。按战术的攻防性质可以把战术分为进攻战术和防守战术。

二、进攻战术

（一）压迫型进攻战术

压迫型进攻也称猛攻，即在比赛开始后就猛烈进攻，连续使用技术，使对手忙于防守，疲于招架，消耗对手大量体力，这样在短时间内取得绝对胜利或是掌握全场主动权。

压迫型进攻是一种先发制人的进攻方式，是有计划有准备的战术行动。使用这种战术者一般要体力充沛、耐力素质好。比赛开始时就抢先使用技术，趁对手还未注意而出其不意、攻其不备。如上场就先用推、拉、扭、按等引诱动作，破坏对手重心，在对手手忙脚乱时再使用技术，一个技术没有成功，紧接着用第二个、第三个……当然每个技术都应是有计划的，而不是盲目乱动。

这种战术的优点是直接掌握主动权，迫使对方只能招架，没有反攻的机会，处于被动地位，精神紧张，容易疲劳。一般使用此种战术是了解对手或比赛刚开始接触时就大致判断对手技术、体力、经验等方面都不占优势，自己有获胜的把握，于是立即采取压迫式的猛攻，以在短时间内取得绝对胜利；若对手技能战术都好，而体力差，开始就猛攻，不让他有休息及缓和的机会，而使他一直处于被动状态；若对手经验不足，压迫式的进攻就会使他得不到镇静和思考的时间，会处处被动。使用这种战术的缺点是使自己的体力也消耗得较快，容易露出破绽，给对手以可乘之机，若对手经验比较丰富则自己容易被对手反攻，或是对手用以逸待劳的战术克制自己。

（二）引诱型进攻战术

这是柔道比赛中最常用的基本战术之一，也是充分发挥假动作与真动作联合的较好手段。柔道比赛时往往直接用技法来摔倒对手是比较困难的。经验较丰富的选手常常采用声东击西，指上打下的战术，即在做真动作之前先用假动作，或是真假虚实并用，真里有假，假里有真，真假莫测，造成对手的错觉。如要使用夹颈背动作先用抱腰折的假动作，对手弓身防守时，再用夹颈背。在柔道训练和比赛中，一般采用的引诱式进攻是上下动作结合、左右动作结合、前后动作结合。

为了引诱对手上当，可以有意露出破绽，给对方以进攻的机会，待他失去平衡时再进攻。

一般来说，对手体力好，但技术不太全面，方法变化少，战术不灵活，则可以针对其使用引诱型进攻战术。在使用引诱进攻时，自己的动作要快，快在对手前面，否则不易成功。如对手善于用单臂背负投，自己则给出一臂，诱使对手使用单臂背负投，然后借机使用裹投动作反攻。

（三）实力型进攻战术

实力型进攻就是充分发挥自己的技术特长，以确有把握的绝招作为最后进攻得胜的方法。使用绝招进攻主要采用主动创造使用特长的条件，得到机会就用绝招；或是处于被动地位，暂时退却、防守，创造条件，等待时机，一旦机会来临，再用绝招。

这种战术要求使用者技术上的特长确有独到之处，真正成为了绝招。绝招的作用大致有两点：一是直接使用，即抓住或制造机会，直接用绝招摔倒对手；二是起到威慑作用，如果对手（尤其是对自己的技术比较了解的老对手）知道自己有某一绝招，他就时刻提防着自己的绝招，恐怕露出破绽，结果陷于紧张被动，不敢进攻，而且往往忽视了对自己其他动作的防范。此时突然使用其他动作，能达到出其不意而制胜的效果。

这种战术要求使用者除了绝招的成功率要十拿九稳以外，还要有办法应付对手的防守和反攻。在使用诱导动作（推、拉、扭、按、提等）、假动作及捕捉进攻的时机、速度等方面要进一步强化每一个环节，在对手的不同防守与反攻方向上都能随机应变、因势利导，即在绝招使用的前后形成一整套方法来对付对手的防守与反攻，使对手防不胜防。

（四）稳重型进攻战术

对付实力强、技术好的对手，要用智谋和勇敢精神取胜。稳重型进攻要求进攻者在进攻之前先站好基本姿势，严阵以待，先试探观察，找出对手弱点，逐步造成进攻机会，再发动进攻。

稳重型进攻要求进攻者不轻易与对手搂抱在一起，更不让对手抓握到有利部位，或突然抓握，或格挡后抓握，也不能牢靠，避其锋芒，挫其锐气，使对手无可奈何，努力造成以下局面：

对手性格急躁者一般会猛烈进攻，甚至会使用盲目冒进的动作，这样体力消耗较大，动作容易失准。在此情况下要抓住时机，即刻进攻；对手越失利，头脑越昏，越猛攻对其越不利。

意志不顽强者，进攻几次不成功往往失去进攻信心，使用技术时犹豫不决，造成两人的相持。这时要抓住时机，有把握地突然袭击。

③主动性不强者，随着自己的动作转移，我抢手他也抢手，我进攻他防守后也进攻，这样自己就掌握了主动权，尽可能地虚张声势，采用幅度小、不易被反攻、消耗体力少的动作，引诱对手东扑西逮，前后奔忙，消耗体力攻势。我以逸待劳，待他气喘力竭时，我再展开攻势。

采用稳重型进攻的战术要求运动员要有稳重的心理素质和不服输的精神，并能够很好地掌握比赛时间，不失时机。

（五）散手型进攻战术

使用散手型进攻战术是不抓握住对手进行的进攻，散手使用动作，这种战术多用于自由式柔道。散手战术的基本原则必须是进攻的，抓握住后再使用技法比较起来其进攻性更大些，而且这种进攻一般都是奇袭。

散手战术的灵活性大，活动范围广，看到情况合适即刻进攻，若不合适就不失时机地迅速移动，充分合理地使用场地。

对手主动抓握或进攻时容易使自己陷入被动，但此时也是最好的进攻机会。如对手伸臂抓握自己时，可立即使用进攻动作，如大外刈或背负投等动作；若不具备利用这种条件，对手抓握时，仅是躲闪，就不只会陷于被动，而且还会受到消极警告处分。

（六）顺势型进攻战术

借助对手的动作手法、方法来进攻。就是"敌进我退，敌退我追"，对手拉我就进，对手推我就退，以柔克刚，顺手牵羊，直来斜取。如对手拉，我随之而进，进的方向稍偏于他拉的方向，造成对手不能利用我的反应，并且使对手的重心移出支撑面，失去平衡，我方正好顺势使用摔倒对手的方法。如对手先拉我，我就顺势使用大外刈动作进攻。

这种战术要求运动员胆量大，技术全面而熟练，故不易掌握，若能掌握则对对手的威胁很大。

（七）边线型进攻战术

依据柔道竞赛规则，自己背对中心圈（在内线）使对手背对消极区，这样容易掌握主动权，进可以攻，退可以守，进退都有余地；缺点是防守时由于后面的余地大，对自己不利。若自己背对消极区（在外线），则采取外线作战的方法，把对手圈在里面，自己靠近边线，虽相对地处于被动地位，但对手进攻时，如果自己能够反攻则往里摔，否则就防守，若有危险可以退出界外。在内线或是外线都是相对的，在进攻或防守时都要考虑摔的方向。经验丰富的运动员可以充分利用场地来控制比赛节奏，知道用什么技术方法，向哪个方向摔对自己最有利。

（八）看体型进攻战术

现代柔道比赛是按体重分级，同一级别的选手身高也有差别，身材高则身体瘦长，重心高，下肢力量较小，稳定性相对较差，由于腿和臂长，适用于做远距离的进攻和防守，喜欢用踢、别、挑、缠。身材短小则相对身体粗壮，重心低，下肢力量一般较大，稳定性相对较好，而腿和臂短，抓握对手相对不便，适用搂抱在一起的动作。运动员要根据双方体型特点安排自己的战术。

三、防守战术

柔道比赛主要是由进攻和防守组成的，但是也有相持阶段，而这个时间正是处于守势，相继而来的又是进攻。防守是对手实力强或掌握了主动权，自己处于劣势的被动地位，不能迅速地反攻对手的进攻，为了保持自己的平衡，不致失分，等待时机再进攻或反攻而采取的一个有计划的战术步骤。

防守是要消耗对手体力，使其疲劳，丧失信心，精神沮丧，暴露弱点，自己做的主要是：首先能够养精蓄锐，以逸待劳；其次是造成消极的防守，只是假防和发现对手的过失。而防守应该是积极的防守，消极的防守只是假防守。防守时一定要重视再坚持一下，要有决不服输的精神和坚持到最后一秒钟的毅力。如被对手压在桥上时要坚持住，使对手压不下去，从而等待时间和机会，这样就有可能脱离桥并把对手压在下面。往往重新占据主动的局面产生于再坚持一下的努力之中。

（一）阻碍防守战术

用格挡或解脱动作，不让对手抓握自己，使其不能接近；若被抓握住得力部位，牵制对手的动作，不让对手使出技法。如运动员一般右架动作较多，则想方设法抓握对手右袖，使其使用动作时感到很别扭。

使用阻碍防守战术要求手法好，动作快，抓住得力部位做支撑推拉动作，要求臂的力量大。

（二）化解防守战术

用防守方法把对手进攻的方法化解掉，使其进攻失败。

如对手用挑我则用骑，对手用大腰我就用移腰，每个进攻方法都有防守方法。但是用防守方法时，不能让对手的进攻方法奏效，即不能让对手身法、手法、步法等都到位，而且自己的反应要快，要事先判断出对手用什么方法，然后让防守方法走在前面，等着对手进攻。

（三）以攻代守战术

对手进攻时我也进攻，这是以方法抵制方法的防守，也就是彼不动，我不动；彼欲动，我先动。如对手背负投我也背负投，这就要求动作要快，使对手顾此失彼。

反攻也属于这类防守，对手用进攻方法，我用反攻方法。

这也要求事先判断清楚，然后对症下药，并要求技术全面。

（四）移动战术

因为对手实力强，或是因为判断失误，或是因为技术错误，被迫处于被动地位，这时的任务是努力脱开这种被动局面，或是拖延时间等待时机，这就要合理地使用场地，采取移动或爬动的战术。

如对手实力强，可以打散手跤，不搭手，保持远距离并绕着对手转，做假动作，引诱对手，创造进攻机会。若被抓住也可以用动作移动到场地边缘，等对手一用动作，顺势出界。这要求使用动作迫使对手自然地移动到场地边缘，而不能直接向外走，或直接推拉对手。

在进行寝技角斗时，处于下面的人可以借助对手的动作向外爬甚至出界。但不能在对手接触自己或用动作之前直接向外爬。

在实际的柔道比赛中，多是进攻、防守、反攻交错进行，很少仅是单纯的进攻或是单纯的防守。

拟定一场柔道比赛的战术必须有进攻和防守措施，至于什么时候进攻，什么时候防守，要根据当时的具体情况和具体条件而定，可以先攻后守，或是先守后攻，也可攻守交替。

各种战术是互相矛盾相互克制的，正如每个进攻方法都有反攻方法一样，由于柔道比赛过程情况复杂、变化多端，对手情况多种多样，运动员应根据比赛中随时变化的情况灵活机动地运用一种或综合的多种战术，从而达到预定的比赛目的。

第六节　柔道运动员的身体素质训练

身体素质训练是指在柔道运动训练中，运用各种有效的训练手段和方法，用以提高运动员的技能水平，提高运动员承受运动负荷的能力，发展专项所需的各种身体素质的训练。

身体素质训练是柔道运动训练的重要组成部分，它是学习和掌握专项技战术的必要条件，是运动员承受大负荷训练和高强度比赛的基础，也是运动员在训练比赛中保持稳定、良好心理状态及提高运动成绩的基础，是减少运动损伤、延长运动寿命及培养顽强意志、品质的有效手段。

身体素质训练可分为一般身体素质训练和专项身体素质训练。一般身体素质训练采用各种非专项训练手段和方法进行练习，目的在于增强体质，提高各器官和系统的机能，全面发展各种身体素质和改善运动员身体形态。专项身体素质训练采用与专项技术结构相似的练习或专项的基本动作来发展专项所需的运动素质，以保证更快更好地掌握专项技术动作和承受大强度的运动负荷。

运动员的身体素质训练一般包括力量、速度、耐力、柔韧、灵敏等几方面，这些素质不是孤立存在和发展的，它们是相互影响、相互制约、相互促进的。运动员的身体素质、训练水平与技战术、心理等训练水平及身体机能、身体形态等有着密切的联系，可以说高度发展和全面发展的身体素质是运动员掌握柔道技术的物质基础，是减少和预防运动损伤的保证；同时身体素质又必须通过技术才能充分发挥出来，它们相辅相成、相互影响。如较快的速度有助于提高柔道运动员使用技术的成功率；较大的力量素质有助于弥补在其他素质方面的欠缺。可以说良好的身体素质对提高运动员肌体能力、改善身体形态、增进健康、延长运动寿命、增加比赛的心理稳定性等都有积极的意义。因此在素质训练中，应尽量结合技术训练来进行。如在练习运动员的反应速度时，要求运动员在看到配合者身体移动的一刹那，立即以最快速度使用双手背负投技术，这样练习的效果在一定程度上就好于单纯用跑步来提高速度。

身体素质训练的基本要求：首先，在多年、全年训练中，要合理地各自有计划地安排身体素质训练。应根据不同的训练对象，不同训练过程、训练任务的要求而区别对待，尤其在青少年儿童训练阶段，由于其身体素质的发展是有一定规律的，如速度素质一般在8~13岁时提高得最快等。因此，应抓住有利时机安排相应内容的身体素质训练，使各运动素质得到适时的发展。

其次，明确训练目的，结合意志品质的培养。身体素质训练内容相对比较枯燥，运动员易感到疲劳，因此教练员要使运动员明确训练目的，加强思想教育，通过训练培养他们吃苦耐劳、坚韧不拔的顽强意志和品质。

再次，做好准备活动，尽量避免损伤情况发生。在进行身体素质训练之前，一定要充分做好准备活动，注意练习内容的交替，避免局部负荷量过大。练习后则要安排放松恢复措施，尽量避免损伤情况发生。在柔道素质训练中，容易造成损伤情况的原因有：练习力量时负载量过大或负荷量过大；练习速度时，准备活动不充分而使肌肉、韧带拉伤；进行柔韧练习时，准备活动不充分或助力过大，而使肌肉韧带拉伤；练习灵敏素质时，间歇时间太短，局部负荷过大，而造成损伤情况发生等。

最后，经常进行检查和评定。对运动员的各项身体素质训练应经常或定期进行检查和评定，了解训练效果，并及时进行改进和调控，使之全面、协调、按比例地发展。

一、力量素质

力量素质是人体运动的最基本素质，力量素质的好坏在一定程度上影响着其他素质的发展。力量素质可分为最大力量、快速力量和力量耐力三种。在柔道训练中，三种力量素质在训练中互相促进、互相影响，而快速力量则是主要的练习内容。进行力量训练，能够使支配肌肉的神经中枢的机能得到改善，提高神经工作过程的强度，增强神经冲动的传递，从而改善神经系统的调节机能。发展力量素质的练习手段有克服外部阻力和克服自身重量的练习，又分为动力性练习和静力性练习。柔道运动中的大部分动作均要求快速反应、爆发式完成，还要求高度的机动性和灵活性，更多的应是采用动力性练习方式。

（一）上肢

1. 卧推杠铃、壶铃、哑铃等，如图 6-1 所示。

图 6-1

2. 颈后推杠铃（片），如图 6-2 所示。

图 6-2

3. 仰卧扩胸，如图 6-3 所示。

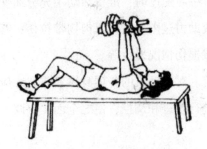

图 6-3

4. 平推杠铃，如图 6-4 所示。

5. （负重）引体向上、爬绳杆，如图 6-5 所示。

6. 各种俯卧撑（倒立、波浪等），如图 6-6 所示。

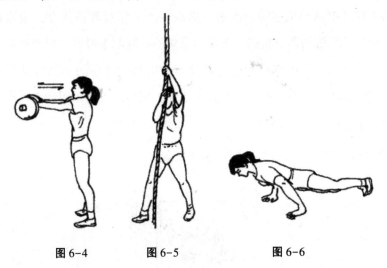

图 6-4　　　　图 6-5　　　　图 6-6

7. 左右甩杠铃片，如图 6-7 所示。

图 6-7

8. 俯卧飞鸟，如图 6-8 所示。

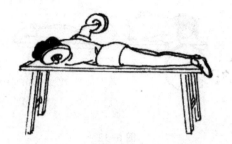

图 6-8

9. 弯举杠铃、哑铃、壶铃，如图 6-9 所示。

图 6-9

10. 腕屈伸、拧千斤棒，如图 6-10 所示。

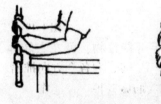

图 6-10

11. 颈后弯举，如图 6-11 所示。

图 6-11

12. 俯卧拉，如图 6-12 所示。

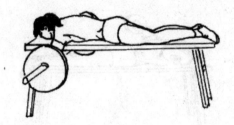

图 6-12

13. 推小车，如图 6-13 所示。

图 6-13

14. 推砖：两手各抓一砖，向各个方向推出。

15. 拉皮筋：利用皮筋做各种摔跤动作。

16. 左右手轮流抓杠铃片。

（二）躯干肌

1. 仰卧起身（腿部可垫高，两手可持重物，可左右转体，小腿折叠），如图 6-14 所示。

图 6-14

2. 俯卧挺身（背上可负重），如图 6-15 所示。

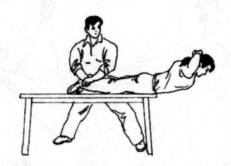

图 6-15

3. 站立负重左右转体，如图 6-16 所示。

图 6-16

4. 站立负重体前屈，如图 6-17 所示。

图 6-17

5. 负重体侧屈，如图 6-18 所示。

6. 仰卧起坐，如图 6-19 所示。

图 6-18　　　　　　　　　　图 6-19

7. 收腹举腿，如图 6-20 所示。

图 6-20

8. 硬拉，如图 6-21 所示。

图 6-21

9. 肋木举腿，如图 6-22 所示。

图 6-22

10. 转身侧拉杠铃或壶铃，如图 6-23 所示。

图 6-23

11. 负重腰侧屈，如图 6-24 所示。

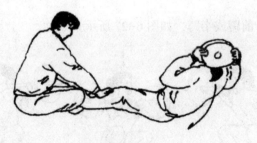

图 6-24

12. 仰身收腹，如图 6-25 所示。

图 6-25

13. 俯卧摆动，如图 6-26 所示。

图 6-26

14. 俯卧撑跳。

15. 直腿拉重物。

16. 俯卧背腿。

（三）下肢

1. 负重杠铃深蹲、前蹲或半蹲，如图 6-27 所示。

图 6-27

2.（负重）跳山羊，如图6-28所示。

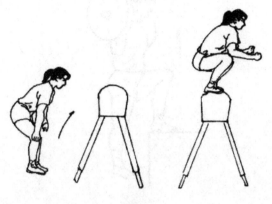

图6-28

3. 负重蹲跳，如图6-29所示。

图6-29

4. 负重提踵直腿跳，如图6-30所示。

图6-30

5. 负重蹬板凳，如图6-31所示。

图 6-31

6. 跳深（可负重），如图 6-32 所示。

图 6-32

7.（负重）跳台阶，如图 6-33 所示。

图 6-33

8. 各种蹲跳，如图 6-34 所示。

图 6-34

9. （负重）蛙跳，如图 6-35 所示。

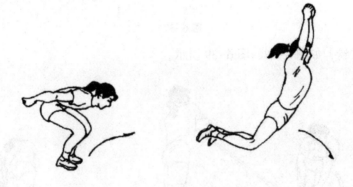

图 6-35

⑩腿举，如图 6-36 所示。

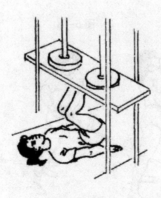

图 6-36

11. 负重连续提踵（或骑人提踵）。

12.（负重）箭步蹲、箭步行进。

（四）全身大肌肉群

1. 高翻，如图 6-37 所示。

图 6-37

2. 左右转杠铃，如图 6-38、图 6-39 所示。

图 6-38

图 6-39

134

3. 正抱人走，如图6-40所示。

4. 反抱人走，如图6-41所示。

5. 扛人走，如图6-42所示。

图6-40 　　　　　　图6-41 　　　　　　图6-42

在柔道力量训练中，主要是发展最大力量和快速力量。发展最大力量的两个途径：一是依靠肌肉内协调能力的改善，二是通过增大肌肉体积以增大肌肉的收缩力。练习强度从本人最大负重的50%~100%，练习次数随着强度的增加而减少。在柔道训练中，常采用金字塔形的训练方法，具体形式一般有正三角形、倒三角形、双三角形。快速力量的练习则一般采用中等重量（70%~90%），组数为4~6组、次数为4~6次，以最快速度进行的练习方法。练习的方法手段应和专项动作特点紧密结合，着重从动作结构、动作速度、肌肉收缩形式、肌肉用力的顺序等方面来进行。同时注意大小肌肉群的平衡发展，突出快速力量的训练，将不同性质的力量交叉安排，避免局部负荷过大。并且要注意考虑运动员特点、性别、年龄和训练程度等，做到有针对性地合理安排。一般在每周安排2~3次集中力量练习，也可以将局部的力量练习分散在每天进行练习，如周一练腿部力量，周二练腰腹肌力量，周三再练腿部力量等。力量训练后注意放松，以消除肌肉疲劳，防止肌肉僵硬。

二、速度素质训练

速度是指人体快速运动的能力，可分为反应速度、动作速度和位移速度三种表现形式。在柔道运动中，反应速度和动作速度占重要位置。反应速度主要是运动员根据比赛中对手的情况而做出快速应答的能力。反应速度受遗传因素影响很大，训练在很大程度上是使运动员遗传潜在的反应速度表现出来。反应速度的提高主要取决于运动员对对手做出的动作的应答动作的熟练程度。运动员主要依赖本体感觉进行反应，因此，应着重提高他们的本体感觉反应能力。动作速度是指运动员完成单个动作或组合动作的能力。动作速度与准备姿势、动作熟练程度、灵活性、协调性、快速力量等有关。

发展速度素质的练习手段：

1. 利用突然的信号刺激，主要是让同伴做出准备进攻的动作，令运动员快速做出柔道动作的应答反应。在柔道训练中，如让配合者做出大外刈举腿动作时，练习者则立即做出防守动作，如迅速反方向转髋转腿等动作。

2. 短距离（10m～30m）的最快速跑。

3. 结合技术的专门练习：听口令做出各种动作、双腿连续高抬腿、单腿连续高抬腿、左右侧交叉步跑等。

4. 不同距离的折回跑、接力跑。

5. 上下坡跑、牵引跑、上下跑台阶。

6. 在规定时间内要求完成规定的动作次数或逐步缩短完成动作的时间。

7. 利用器械重量的变化而获得的后效作用提高动作速度，如配对互相投技时，同伴可穿沙衣或由第三个同伴在后面拉着对抗用力，然后减少阻力用以提高动作速度。

速度素质训练应在运动员精力充沛、兴奋性高的情况下进行。在训练动作速度时，要使所采用的动作尽可能地与柔道比赛动作结构相似，目的在于把所获得的动作速度直接转移到柔道比赛的动作上去。在进行动作速度训练时，所采用的练习，一般应是运动员已熟练掌握的，目的在于使运动员的主要精力集中在完成动作的速度上。

三、耐力素质训练

耐力是指人体长时间工作的能力。柔道比赛时间长，对柔道运动员的耐力水平要求比较高。在柔道训练中，一般将耐力素质分为一般耐力和专项耐力。

一般耐力又称为有氧耐力。训练有氧耐力的目的在于提高运动员促进有机体的新陈代谢，为训练负荷量的增加准备条件。

专项耐力是指在柔道训练和比赛中，运动员克服专项运动过程中所产生的疲劳的能力。一般来说，柔道运动员的专项耐力训练的目的在于提高运动员肌体在承受长时间供氧不足的情况下坚持长时间工作的能力。

发展耐力素质的练习手段：

1. 各种形式的长时间跑，如越野跑、持续跑、变速跑等。

2. 球类运动，如足球、篮球等。

3. 各种长时间的游戏、游泳、跳绳、循环练习。

4. 连续进行较长时间的各种攻守练习。

5. 结合技术进行单个动作的多组次练习，逐步增加练习的密度和强度。

在耐力训练中应重视运动员意志品质所起的作用，尤其在体力大量消耗的阶段，意志坚强者在耐力表现上一般优于意志薄弱者。因此，在耐力训练中应与运动员的意志品质、思想作风的培养和心理素质方面的训练与调控结合起来。

四、柔韧素质训练

柔韧是指人体各关节活动幅度的大小和肌肉、韧带的伸展能力。它是柔道运动员的重要素质之一，直接影响完成柔道动作的质量和对高难技术的掌握。良好的柔韧性可使动作更加到位，并减少运动员损伤的发生。发展柔韧素质的训练方法基本有两种，即动力拉伸和静力拉伸。在使用这两种拉伸方法的过程中又有主动拉伸和被动拉伸两种不同的训练方式。动力拉伸是指有一定节奏地多次重复同一动作的拉伸练习。静力拉伸是指通过缓慢的拉伸将肌肉韧带等软组织拉长，拉到一定程度时就静止不动，从而使其得到持续被拉长的刺激。主动拉伸是指运动员依靠自己的力量将肌肉等软组织拉长；被动拉伸是指依靠外力的作用，使运动员的肌肉等软组织拉长。在柔道训练中，一般将这几种拉伸方法结合起来使用，主要发展腿部的前、后、侧肌群的伸展性和髋、踝关节的灵活性。须经常采用前、侧、后等不同方向的压、扳、控、踢等方式进行训练。

发展腿部柔韧素质的练习手段：

1. 身体直立或坐下，膝部伸直，上体前屈靠腿，可向前、侧方向拉伸，也可将一条腿放在横杆、肋木或类似的器械上进行。

2. 被动拉伸的扳腿，运动员仰卧上举一腿，膝部伸直，由其同伴或教练抓其上举腿的踝部向练习者的胸前按压。运动员背对墙或肋木，一腿站立，另一腿前上举，膝部伸直，由其同伴或教练助力按压。

3. 各种方式和方向的踢腿，可行进间踢，也可手扶支撑物踢，可向前踢，也可向后、侧踢，由于多是爆发式地进行踢腿，一般练习次数不要太多，可适当增加组数。

4. 跪坐压脚面，两腿并拢，上体后仰，使臀部向后坐压踝部，同时也使大腿前肌群得到拉伸。

在进行腿部柔韧训练的同时，也要适当发展肩、髋等部位的柔韧性。应从少年儿童抓起，逐步增大动作幅度，动作要求到位，若是外力帮助则要循序渐进地用力，一定要避免使肌纤维拉伤。在练习间歇时，可安排一些肌肉放松的练习、放松摆腿或进行一些按摩等。柔韧练习一般安排在早操和课的准备部分及结束部分。练习时要做好准备活动，注意练习时的气温，气温低时准备活动时间要适当延长，也可预先对相应的肌肉进行按摩。柔韧素质很容易消退，因此要坚持经常练习，巩固和发展已取得的练习效果。

五、灵敏素质训练

灵敏是指运动员在各种复杂条件下，迅速、协调、准确、灵活地完成动作的能力。柔道要求运动员经常改变身体的位置和方向，如横踢接后旋踢，或者连续横踢等复杂动作，都要求运动员具有高度的灵活性、良好的判断力、较快的反应速度和根据比赛中的实际情况调整身体方向和位置的能力。

发展灵敏素质的练习手段：

1. 在两人配合练习时，根据同伴的身体移动情况，进行各种躲闪、突然进攻、迅速转体等练习。

2. 各种变换方向追逐性的游戏（如贴人游戏等）。

3. 根据教练员发出的不同手势迅速改变动作或向各个方向移动脚步。

4. 在迅速转体后完成反向动作。训练灵敏的方法应经常变换，在训练中要多采用与专项要求相一致的练习手段，并要结合各种手势来提高运动员的判断能力、灵活性、反应能力和控制身体平衡的能力。一般将灵敏素质训练安排在训练课主要部分的开始阶段，在运动员体力充沛的状态下进行，练习时间不宜过长，身体疲劳时不宜进行灵敏素质的训练。

第七章 科学体育运动及训练损伤与预防

第一节 体育训练处方的概述和发展

运动处方是针对每个体育锻炼者的具体情况制订的一种处方式的体育锻炼计划。运动处方是现代体育科学发展中的新生事物，具有科学性、实用性、针对性强的特点。

一、体育锻炼处方的概念

体育锻炼处方是指根据每个准备从事体育锻炼的个体的身心状况而制订的一种定量化的周期性体育锻炼计划。因为给健康者制订的健身方案很像医生开的处方，所以世界各国普遍把处方这个词援引到体育领域。我国通常称体育锻炼处方为运动处方或健身运动处方。

根据 21 世纪初运动处方在国内外发展的情况，可以将运动处方理解为：由康复医师、康复治疗师以及体育教师、社会体育健身指导员、私人健身教练等，根据患者或体育健身者的年龄、性别、健康状况、身体素质，以及心血管、运动器官的功能状况，结合主、客观条件，用处方的形式制定对患者或体育健身者适合的运动内容、运动强度、运动时间及频率，并指出运动中的注意事项，以达到科学地、有计划地进行康复治疗或预防健身的目的。

实践证明，按照运动处方进行科学的锻炼，既安全可靠，又有计划性，在有效的运动处方的指导下进行锻炼可以达到下述目的：第一，增进身体健康。它包括两方面，一是预防疾病，特别是"文明病"；二是改善身体状态，提高对环境的适应能力。第二，提高身体机能，可以指导锻炼，使肌肉力量、耐力、爆发力，身体的灵敏性、技巧性、平衡性、柔韧性等素质和运动能力加强。第三，治疗疾病。把运动当作康复疗法的一种手段，严格地按处方进行，可以大大提高运动中的安全性，尽可能少地出现意外危险。

二、体育锻炼处方的分类

随着运动处方应用范围的不断扩大，运动处方分类的方法也在不断改进，用不同的方法，可将运动处方分为不同的种类。此处，在国外还有以提高运动员身体素质为目的的竞技训练运动处方。在运动疗法领域，使用辅助用具、穿戴假肢、步态训练、操纵轮椅的训练等，也都有相应的运动处方。

（一）根据运动处方对象分类

1. 康复治疗性运动处方

用于某些疾病或外伤的治疗和康复，它使医疗体育更加定量化、个性化。例如，某人中等肥胖，体重超标 10 公斤，他需每天爬山 1 小时，约 16 周的时间体重可以降到标准范围，这就是治疗性运动处方。

这类运动处方的目的是，通过运动疗法帮助患者提高身体机能，缓解症状，减轻或消除功能障碍，恢复肢体功能，尽量提高患者的生活自理和工作能力。康复治疗性运动处方主要用于综合医院的康复科、康复医疗机构，也用于社区康复工作中。

2. 预防健身性运动处方

预防健身性运动处方的对象是全民健身运动的参加者，主要用于健身防病。如人过中年，身体就开始衰退，动脉硬化也慢慢开始了。为了预防动脉硬化，运动处方规定了中等强度的耐力跑，使脂肪和胆固醇等物质不易沉积，从而达到预防动脉硬化的作用。运动处方的主要目的是，指导人们采取适当的体育活动，科学地进行锻炼，以便更有效、更科学地提高健康水平、增强体质、预防某些疾病的发生、防止过早衰老等。预防健身性运动处方主要由体育教师、社会体育健身指导员、私人健身教练等人来制定。

（二）根据运动目的分类

1. 健身运动处方

健身运动处方是指不同年龄、不同性别、不同职业的健康人进行锻炼，以增强体质、预防疾病、提高健康水平所依据的运动处方。主要采用低强度、较长时间的有氧运动，来达到提高心肺功能的目的。

2. 健美运动处方

健美运动处方主要以改善和塑造身体形态为目的。通过健美运动，男子可以塑造健美的形体，女子可以培养出高雅的气质和风度。

3. 竞技运动处方

竞技运动处方是一种主要以提高运动员身体素质和运动技术水平为目的的运动处方。

4. 康复运动处方

康复运动处方是指某些患有疾病或进行外伤治疗的康复患者，使锻炼更加定量化和更具针对性，从而达到治疗疾病、提高康复医疗效果所依据的运动处方。

（三）根据运动处方锻炼作用分类

1. 全身耐力运动处方

全身耐力运动处方以提高心肺功能为主要目标。按照运动处方进行系统的锻炼，可以缩短患者住院时间，更快地恢复工作能力。目前除用于急性心梗患者的康复之外，在国外已经广泛用于心血管系统慢性疾病（如冠心病、高血压）、代谢疾病（糖尿病、肥胖病）、长期卧床引起心肺功能下降等疾病的预防、治疗和康复。

在全民健身计划实行的过程中，全身耐力运动处方被用于科学地指导健身，以提高锻炼者的耐力素质、维持合理的身体成分、消除亚健康状态的症状。

2. 力量运动处方

力量运动处方的主要作用是提高肌肉的力量耐力。在康复医学中，通过运动疗法，即患者主动的肌力锻炼，使"废用性"萎缩肌肉的力量得到提高，肌肉横断面和体积加大，起到改善肢体运动功能的作用。在全民健身运动中，力量运动处方用于指导健身者科学地进行增强肌力的训练，以起到提高力量素质，减缓中年以后肌肉萎缩的速度，预防骨质疏松等作用。

3. 柔韧性运动处方

柔韧性运动处方的作用是提高身体的柔软性素质。在康复医学中，通过各种主动、被动运动等，使因伤病而受累关节活动幅度尽量保持、增加或恢复到正常的范围。在全民健身运动中，柔韧性运动处方用于指导健身者采用科学的手段和方法，提高身体的柔韧性素质，预防随年龄增长而导致的关节活动幅度下降。

（四）根据所锻炼的器官系统分类

1. 心脏体疗锻炼运动处方

它以提高心肺功能为主，主要用于冠心病、高血压、糖尿病、肥胖症等内脏器官疾病的防治和康复。

2. 运动器官体疗锻炼运动处方

它以改善肢体功能为主，用于各种原因引起的运动器官功能障碍，以及畸形的矫正等。

三、体育锻炼处方的主要内容

根据处方对象的个人情况，明确了处方的目的，完成了相应的功能评定之后，就可以开始制定运动处方了。一个完整的运动处方应包括运动目的、运动项目、运动量和注意事项等内容。

（一）运动目的

根据个体不同的身体情况确定运动目标即为运动目的。运动目的具有主观和客观的双重性。主观性表现为对运动的意向、愿望和兴趣，它是以情绪为核心的主观意愿需要。而客观性则更多的是由于健康状况、疾病程度等身体客观状况产生的需求，把运动作为满足身体健康需要的一种手段。运动目的主要有以下方面：一是促进生长发育；二是防治某些疾病，保持健康，延缓衰老；三是增强体质，提高工作效率；四是丰富文化娱乐生活，调节心理状态，提高生活质量；五是学习、掌握运动技能和方法，提高竞技水平。

（二）运动项目

运动项目主要根据锻炼者所要达到的目的而定，一般健身或改善心血管系统及代谢功能，如为了预防文明病、老年病，宜选择以有氧代谢为主的走、慢跑、游泳、爬山、上下楼梯、骑自行车等耐力性项目；如改善心情，消除身体疲劳，或预防高血压和神经衰弱，可选择运动量较小的放松性练习，可选择气功、太极拳、散步、放松操或保健按摩等；为了增强肌肉，宜选择力量性项目；如针对某些疾病进行专门性的治疗，可选择有关的医疗体操，如慢性支气管炎、肺气肿患者应做专门的呼吸体操。

（三）运动量

运动量的大小，取决于多种因素。以持续运动为主的耐力处方与力量处方、柔韧性处方的运动负荷有所区别。运动负荷的大小决定因素，综合起来有以下六个方面：

1. 运动强度

运动强度是运动处方的核心部分，它反映了机体运动时用力的大小和机体紧张度，是运动处方中决定运动员运动能力的最主要的因素。运动强度既影响到机体的承受能力，又直接关系到运动锻炼的效果。制定出适合锻炼者特点的量化的强度指标，是制定运动处方的精髓。

运动强度对运动效果与安全有直接的影响，掌握适宜的运动强度是执行运动处方的主要内容之一。运动强度可用最大吸氧量、心率、功率等表示。要在处方中设定运动强度，最常见的做法就是利用主观运动强度评分表及心率作参考。

第一，主观运动强度评分表。此方法适用于计算心率有困难者，或因服药而令运动后的心率有所改变的病人。其做法是请参与者在进行体能活动时，基于自身对所花气力的感觉做出吃力程度的评估。

第二，心率。在进行有氧运动时，心率与氧气消耗量的增加有密切关系，因此，心率可用来评估运动强度。同时，制定运动处方的运动强度时应考虑以下因素：①个人的体能水平。体能不佳及生活非常静态的人，运动强度较低；体能良好的人，运动强度较高。②药物。能改变心率的药物。若改变用药的剂量及时间，则须对起始心率范围多加注意。③心血管及肌肉关节创伤的风险。高强度，受伤风险高；低强度，受伤风险低。④个人对运动的喜好以及实践运动计划的目标。

2. 运动时间

运动时间指每次运动持续的时间，是组成运动量的重要因素。在持续的周期性运动中，运动时间乘以运动强度就是运动量。因此，运动时间依负荷强度而发生变化。运动时间过短，对肌体不能产生作用，达不到应有的效果；运动时间过长，又可能超过肌体的负担能力，造成疲劳积累而损害身体。因此，应根据运动目的及负荷强度来设定必要的运动时间。

耐力性运动每次运动的持续时间可在20~60分钟之间，其中达到适宜心率的时间在5分钟以上。健身体操持续的时间视具体情况而定，运动中应常有短暂的休息。在同样的运动量中，年轻的和体质好的人应选择强度大、持续时间短的练习；体弱的人应选择强度小而持续时间较长的练习。

3. 运动次数

即每周运动的次数。运动间隔时间过长或过短都会影响运动处方的效果。若以 70%~85% 的最大心率进行运动，最佳的运动次数是每周三天。若以较低运动强度进行运动者，则需要每周进行多于三天的运动，以达到运动目的。

4. 运动进度

运动进度取决于个人能力、耐力、健康状况、年龄、喜好及目标。运动进度分三个阶段，分别为起始期、改进期及维持期。

5. 运动频率

指每日及每周锻炼次数。一般每日只需锻炼一次，每周锻炼 3~4 次。有足够的休息时间，可使肌体得到"超量恢复"，收到更好的锻炼效果。运动的效果是在每次运动对人体产生的良性作用的逐渐积累中显示出来的，是一个由量变到质变的过程，所以应经常锻炼，或根据不同的运动目的，实施一定周期的运动计划。因此不能凭一时的兴趣"三天打鱼，两天晒网"，也不能急于求成使运动频率过高。

如果以健身或康复为目的，一般人的运动频率应以每周 3 次以上为宜，同时还应结合每次运动的强度、持续的时间、个人的身体恢复情况以及对运动的适应能力等因素综合考虑。只要没有疲劳的蓄积，运动对身心健康都是有益的。

6. 运动处方的格式

运动处方可根据不同的需要采用不同的格式，但在处方中，必须指出禁止参加的运动项目、锻炼的自我监督指标及出现异常情况时停止运动的准则等。在制定和执行处方时，都必须严格遵守循序渐进、个别对待的原则，加强医务监督，充分考虑安全。

（四）注意事项及微调整

为保证安全，根据处方对象的具体情况，提出锻炼时应当注意的事项：

1. 注意事项

第一，在以治疗和康复为目的的运动处方中，应指出禁忌参加的运动项目和某些易发生危险的动作。

第二，应指出运动中的自我观察指标及出现指标异常时停止运动的标准。

第三，每次锻炼前后都要充分地做好准备活动和整理活动。

第四，掌握和了解一些必要的体育卫生知识，如运动后不要立即坐下或躺下，以免引起休克或其他不适感觉；不能立即吃生冷食物；不能马上进行冷水浴；等等。

2. 微调整

由于不同年龄、不同性别、不同体质的人群身体状况各不相同，所以不可能预先开好适应不同时间及各种场合下的运动处方。其一，接受运动处方的人应按当时制定的运动处方进行锻炼。其二，在使用运动处方锻炼的过程中，可以根据自己的情况，对处方中不适合的地方加以调整，逐步使处方更适合自身现状。一般制定的运动处方不会一次到位，需要在锻炼的过程中不断地进行调整，最终找到最适合本人的运动处方。

四、体育锻炼处方的发展

（一）运动不足与现代文明病

现代文明病的发生与人类文明进步密切相关，其中关键因素是社会因素，特别是不科学、不健康的生活方式。现代科学技术的进步和改革开放的发展，使得人们的生活环境和劳动条件发生了巨大的变化，其中产业机械化、自动化的高度发展，使生产活动进入了效率化和合理化，劳动时间缩短。同时，各种家用电器的普及，使得日常生活中身体活动的机会越来越少。在这种情况下，给人们带来了新的危机——运动不足，导致体质下降。

随着生活水平的提高，不良生活方式引起的疾病增多，且有老年病年轻化的趋势，大众健身引起了人们的重视。许多科学家分析，现代人冠心病、糖尿病的发病率增加，除了营养不合理外，运动不足是一个极为重要的原因。据调查，活动少的人心肌梗塞致死的可能性比正常人大 2 倍，而每天步行一小时以上的人患心脏局部缺血症的可能性比乘车的人少 4/5。从生物学、医学上找原因，就会发现，运动不足必然导致体力下降，体力下降就会不适应负荷稍大的活动。长期运动不足，还可以诱发或加重肥胖症、心肌梗塞等病。

此外，缺乏运动也是引起"亚健康"状态的原因之一。运动少，不仅较易出现肥胖，而且可导致肌体的各项功能减退、免疫力下降，从而引发多种疾病。所以对"亚健康"患者来说，最重要的是养成良好的生活习惯，劳逸结合，平时注意锻炼身体，适当参加户外体育运动。

因此，体育健身是防治现代文明病、提高体力、改善体质、增进健康的积极有效的方法。运动处方在提高国民体质、增进健康、预防慢性疾病的健身活动中能正确指导健身者科学地进行锻炼，以较短的时间、较轻的体力负荷，取得较大的锻炼效果。

（二） 体育锻炼处方与增强体质

随着社会的发展和物质文明的进步，人们的生活环境日益优化，但生存环境却日益恶化，体质、体能日益退化，对各种疾病（尤其是感染性疾病、传染性疾病和慢性疾病）的免疫力和抵抗力日益减弱。因此，通过科学的体育锻炼增强体质、体能，增强自身对各种环境变化和疾病的抵抗力，也已成为人类社会发展的必然趋势。

人们都希望自己的体质强健，但是迄今为止，人们对体质内涵和体质增强途径的认识还存在着一些误区。有的人认为只要吃山珍海味，就可以永葆身体健康，不屑于运动锻炼；也有的人认为只要经常活动，就可以保持健康，不注意平时的饮食营养和卫生。事实上，唯一正确的增进健康、增强体质的方法就是运动锻炼以及合理的饮食营养和生活方式，三者缺一不可。

体育锻炼必须讲究科学。若锻炼强度过大、频度过高、持续时间过长，非但不能增强体质，反而会使身体抵抗能力下降，对各种感染性疾病的易感率升高。因此，体育锻炼开始向科学、安全、有效、个性化方向发展。而运动处方正是按照运动参加者的具体情况和运动爱好，制定合适的运动项目、运动强度、运动时间和运动频率。按照运动处方进行锻炼，既可以确保安全，又有科学性和针对性，从而可以取得最佳的健身效果。

现代健身运动涉及的范围很广，不仅是锻炼骨骼、肌肉以及心血管系统，还要健脑、明目、聪耳、固齿。在健身运动处方的运用上，东方国家重视选择太极拳、举重、武术等为健身锻炼的项目；而西方国家则把长跑、自行车、游泳等作为健身锻炼的项目。虽然对健身运动处方的选择不同，却都反映了人们对身体健康、体质强健的共同追求。

健身运动处方是利用科学理论和方法来合理有效地指导健身者增强体质，具有针对性和非随意性的特点。要想通过体育运动来健身，就必须按照有科学根据的健身运动处方来进行，并不是漫不经心地随意运动。健身运动处方很像医生给病人开的药方，一是针对不同的个案选配不同的运动项目；二是给各个运动项目科学定量，要求选用简便可行、实效性高的运动项目，根据每个健身者的特点确定适合自己的运动量和负荷量。

第二节　运动处方的应用及应注意的问题

运用健身运动处方从事身体锻炼者的目的方法因人而异，有的人是为了强壮，有的人是为了娱乐消遣，还有的人是为了减少皮下脂肪。事实上，运动的效果都表现在生理和心理方面。

在运用处方时，应首先对自己的健康状况进行医学诊断和体力方面的评价，然后，在此基础上选择适合自身状况的运动处方，在6~10周内获得理想的健身效果。

一、减肥运动处方

当今世界高科技的飞速发展，给人类带来了极大的物质享受，人们的劳动强度大大降低，因此，发胖的人也越来越多。肥胖可造成许多健康问题，如高血压、中风、心肌梗塞、糖尿病等。肥胖主要是因为身体摄取的能量多于消耗量所致，所以要成功减少体重，必须通过控制每天热量的吸收及增加运动量，减少能量摄取及增加能量消耗。换句话说，最有效的减重及预防体重上升的方法，就是开展健康的生活模式，包括饮食均衡、进食适量食物及进行持之以恒的运动。减肥运动应由低强度运动开始，循序渐进地增加强度。这里所要介绍的，就是一种行之有效的减肥健身运动。

首先应知道肥胖程度的检查方法。只有通过检查，才能知道自己是否属于肥胖，这样才能为自己的减肥处方提供科学依据。

通过测量得知被查者的身高（厘米）、体重（公斤），然后代入下列公式计算，再根据标准判断是否肥胖。

标准体重（公斤）= 身高（厘米）-105（女性100）

超体重百分比：

肥胖标准：超过体重20%~30%为轻度肥胖；超过30%~50%为中度肥胖；超过50%以上为重度肥胖。在得知自己的肥胖程度以后，就可以来探讨减肥健身的方法了。

在减肥健身过程中，不能仅仅依赖局部肌肉的运动来减少脂肪的重量和防止脂肪的增加，而要使身体在有氧供能的状态下运动，使脂肪在运动中氧化放热，这样才能达到减肥除脂和减轻体重、完善身体的目的。据有关方面的研究，要减少1斤脂肪，就必须通过运动消耗7000千卡的热量，那么，在健身计划中，要全部消耗这1斤的多余脂肪，只要每天进行一次30分钟慢跑，每次消耗300千卡，连续进行23天的健身跑就可消耗6900千卡的热量。就可达到减肥、改善身体组成成分的目的，而且，多余的身体重量也会在减肥健身运动中消失。

在减肥健身跑锻炼中，有时身体的组成部分虽然已经发生变化，但体重却没有减轻，主要原因是肌纤维增粗，肌肉生理体积增大，肌肉的质量和重量都得到改善的结果。此时，体重虽没有减轻，但实际上身体的组成成分中，脂肪比例已经减少了。

综上所述，在健身减肥运动中，不应依靠局部肌肉的运动减肥，而要选择中等强度并能够长时间地在有氧条件下坚持一定量的运动，才能达到消耗脂肪能量、减肥健身之目的。此外，通过运动减肥应注意以下几点：

第一，进行体能活动却不减少热量摄取，在初期通常只能令体重缓慢地减少，只靠运动难以令体重短时间内有显著减少。不过，研究表明，利用饮食及运动的策略减去体重，比仅仅用饮食控制减去的体重更多，因此应将均衡饮食与定期进行体能活动相结合。

第二，建议最初的 6 个月内，将减重的目标定为体重的 10%，这个减重幅度能显著地减少与肥胖相关的健康风险，增加伴随的健康益处。由于体重减少后，身体的能量需要也随之减少，因此需要修订饮食及体能活动的目标。

第三，研究显示，安全又健康的减重速度，应为每周 0.2~1 公斤。

二、健身运动处方

健身运动处方是指导健康人进行运动锻炼，以提高体能，促进健康，预防运动缺乏病为目的。近年来，一些西方国家，健身运动处方的应用呈现强度和缓、身心全面、质量精细的特点。运动方式不再仅强调强度，过去那种快节奏的健美操、长跑，已渐渐以每周 3~4 次的半小时以上轻松和缓的瑜伽、太极拳、慢跑、快走等形式代替。通过锻炼解除心理压力，精神与身体和谐发展，提高对现代生活的适应能力等，成为制定健身处方的追求目标。

三、应用运动处方应注意的问题

（一）疲劳的判定

在根据运动处方进行锻炼时，由于主观和客观的原因，在锻炼进程中很可能因选择处方的运动负荷、锻炼方法、外环境的变化、工作和生活强度较大等产生肌体疲劳。此时，如不给予高度的重视，健身的效果不仅不明显，甚至还会给肌体带来伤害。

疲劳是肌体或某一部分由于长时间地工作或反复受到刺激而出现的应答能力或机能的减退。导致疲劳的原因是多方面的，但它导致工作能力和身体机能下降也是暂时的。在运动锻炼中一旦产生疲劳，即刻采取科学的对策，疲劳是可以消除的。为使运用运动处方健身取得理想的效果，在健身和日常生活中可利用一些简单的自我感觉来判断肌体是否疲劳。

当识别肌体疲劳后，就可对症下药地消除疲劳。消除疲劳的方法有两种：

1. 保证充足的睡眠和休息时间

因为睡眠时，副交感神经的活动可达顶点，而副交感神经活动能促进能源物质的合成，即同化作用明显优势进行。因此，睡眠对消除疲劳具有最大的效果。

2. 积极性休息

作为积极性休息所选用的锻炼活动，强度要小，时间要短。这样，大脑皮层中神经细胞产生的兴奋才能集中，对疲劳神经细胞方可产生负诱导作用，并使疲劳神经细胞加深抑制，促进恢复。同时，改变肢体活动的部位，变换锻炼的内容和方法也是非常重要的。

但是，无论选用哪种恢复机能的方式，都要给肌体补充消除疲劳的营养物质，体质才能通过疲劳而增强。因为锻炼时消耗的营养物质只能依靠饮食中的营养物质来补充。所以安排好膳食结构有助于疲劳的消除。总之，只有充分认识疲劳，同时采用合理消除疲劳的方法，健身锻炼才能做到安全，体质才能逐步增强。

（二）健身锻炼中的常识

在实施运动处方锻炼时，首先要对自己所选用的处方内容、运动场所和运动用具等有充分的了解，并且对运动场所和运动用具的安全性做全面的检查，将伤害和事故消灭在萌芽状态。在选择锻炼负荷量时，必须根据自己的身体状况选择适宜的运动负荷量。

无论采用何种健身方式，都应包括准备活动、伸展柔韧性运动、有氧代谢运动和整理活动这四大内容。只有在做好准备活动后进行健身锻炼，最后配以整理活动，健身锻炼才能取得效果。

第一，准备活动的顺序通常是先慢慢地活动手、臂、腿和脚。因为这种活动对心脏的刺激不大。同时，准备活动中要根据气候条件和年龄、身体状况适当地增减衣服，以保证肌体不至于感到寒冷，又不妨碍做动作。

第二，在健身锻炼之后，肌体的工作状态处于一个较高的水平，如果此时停止运动或坐下或躺下休息，会使体温急剧下降，从而导致眩晕、恶心、出冷汗。所以，在健身锻炼后要及时对肌体进行整理活动，使身体代谢的速度缓慢下来，使肌体逐步处于稳定状态。

第三，健身锻炼出汗之后，不能立马去洗澡，应在运动后至少 10 分钟，然后再冲澡。

第四，在按照健身运动处方进行健身锻炼过程中，如果遇到下列症状，必须停止锻炼：胸痛伴随运动的进行而加剧；胸内绞痛，呼吸严重困难；恶心、头晕、头痛；肌体感到十分疲劳；四肢肌肉剧痛、两腿无力，行动困难；足、膝等关节疼痛；脉搏显著加快；脸色苍白，出冷汗，嘴唇发紫；跑的姿势或动作不稳，不正常，运动的速度突然缓慢。

第五，从事健身运动锻炼，切忌性急。要在轻松愉快的心情下进行健身运动锻炼，健身的效果才会更充分地体现。

第六，要高度重视健身锻炼后的身体恢复阶段。为了使身体通过锻炼而受益，必须注意锻炼后身体的恢复过程。首先要改善饮食结构，根据健身过程中负荷量的大小，不同年龄对营养物质的需求，有计划地科学地选配食品，以保证身体对营养需求的平衡。其次是对肌体的调节，因为调节肌体的工作和休息状态能够解除疲劳，促进物质吸收和储备能量。另外，如有条件，可在锻炼后采取一些理疗，这些方法是行之有效的。

（三）冷、热环境下的锻炼

健身锻炼要根据春生、夏长、秋收、冬藏的自然特点进行。将健身运动与自然力锻炼结合起来，健身效果会更好。

1. 热环境下运动

在热环境下运动，收缩压和舒张压都降低，这是因为在高温下，身体末梢血管舒张，皮肤血液量大，血压容易形成比较低的状态。

中老年人在热环境下运动要充分考虑气温条件，因为在高温多湿的环境下运动，中老年人呼吸循环系统、体温调节机构等身体负荷，比青壮年显著增大，所以，在环境条件不理想的情况下，对中老年人限制运动量或强度是必要的。

2. 冷环境下运动

适应寒冷环境，在可能的情况下，要抑制颤抖的出现。中老年人深层体温比年轻人低，是因为安静时代谢水平低所致，这与运动量和饮食量少有关。

中老年人在寒冷环境中，经常发生体质衰弱或死亡现象。所以，在寒冷中运动，要特别注意调整服装，戴手套等。

因运动而出汗后，体温会下降，增加了患支气管炎的危险性；另外身体柔韧性丧失，动作敏捷性变差，要充分注意这方面的问题。

3. 对运动环境的选择

运动环境的选择，首先要考虑的是安全问题，既要避免到人群喧闹、噪声较大、交通拥挤的地方去运动，也不要到自己不熟悉、人迹罕至的偏僻地方去运动。其次，根据运动项目的不同特点，选择合适的环境，对运动者的运动情绪、运动开展、运动效果等方面，都有很重要的意义。如骑自行车、远足等运动时，最好选择在自然景色美、树木较多、地面较平坦的地段；跳绳、打羽毛球等运动可选择在地势平坦的空地上进行；游泳要选择到游泳场馆去。

运动的环境选择和安全，还要根据不同季节的气候条件变化而变化。夏天天气炎热，阳光中的紫外线特别强烈，要避免长时间在户外阳光直射到的地方运动，以免引起中暑；冬季早晨有雾，能见度差，且雾中带有有害物质，给运动者带来不利因素，所以要避免在大雾天气中运动。

第三节　体育运动训练中损伤的预防

发生运动损伤的原因很多，可分为直接原因和诱因。直接原因有思想上不重视、缺乏合理的准备活动、技术上的错误、运动负荷较大、身体功能和心理状态不良、组织方法不当、运动粗野或违反规则、场地设备的缺点、不良气象的影响等。诱因有各项运动的技术特点和局部解剖的生理特点等。常见的运动损伤有挫伤、肌肉损伤、关节韧带损伤、滑囊炎、腱鞘炎、胫腓骨疲劳性骨膜炎、脑震荡等。主动预防损伤，比发生损伤后再去治疗更为重要。

参加体育锻炼是为了增强体质，增进身心健康。如果在体育锻炼时，不重视运动损伤的预防工作，没有采取积极的预防措施，就可能发生各类伤害事故，轻者影响学习和工作，重者可造成残疾甚至危及生命，并造成不良的心理影响。因此，积极预防运动损伤对广泛开展群众性体育活动，体育教学和运动训练都有重要的意义。

一、各类体育运动的预防

（一）田径运动

田径运动包括跑、跳、投掷和竞走。其创伤并不少见，创伤的性质和程度也各有不同。同时还有其他运动中所罕见的过度紧张状态及重力性休克（急跑后突然停止，由于心脏失去肌肉活动帮助血液回流的作用，而发生心脏与脑缺血，造成休克）。

1. 短跑运动

①常见创伤：短跑创伤比较少见。在短跑时常遇到的外伤有大腿后部屈肌拉伤、足踝腱鞘炎，跟腱纤维撕裂、断裂或跟腱腱围炎。赛跑时由于急停而引起的髂骨前上棘的断

裂、踝关节与膝关节扭伤、大脚趾籽骨骨折等。有时也可以因为起跑坑未垫平而致伤。

②预防：有目的、按比例发展大腿前后肌群的力量，合理安排足尖跑、后蹬跑、碎步跑，充分做好准备活动，训练后充分放松肌肉；要穿着合适的跑鞋；注意跑道的平整。

2. 中长跑运动

①常见创伤：外伤较少，但可以出现过度紧张现象。下肢训练过多，有时可出现胫腓骨疲劳性骨膜炎或骨折。长跑过程中摔倒可发生擦伤，但有时也可因倒在跑道的边沿或道边的板牌上而发生骨折，也曾有人记载过钉鞋刺伤的病例。马拉松比赛时，由于距离过长，运动员常常发生会阴部及尿道口擦伤，膝外侧疼痛综合征，胫前肌腱鞘炎及足趾挤压伤。

②预防：要穿着合适的运动服装、鞋子；会阴部和大腿根部可涂些凡士林以防皮肤擦伤；选择松软的道路做跑的训练，合理调整运动量，注意跑的动作。

3. 跨栏运动

①常见创伤：跨栏最易发生大腿后肌肉拉伤、腰痛及髌骨软骨病等。

②预防：应注意训练制度的安排，跨跳姿势的矫正，以及栏的安放位置及方向；加强大腿后群肌肉的伸展性练习，做好准备活动，是预防肌肉拉伤的积极措施。

4. 跳高、跳远、三级跳和撑竿跳运动

①常见创伤：最常见的外伤是踝关节韧带损伤或骨折、足跟挫伤、膝关节的韧带与半月板损伤、前臂骨折及肩部挫伤。这些创伤的发生，可见于下列情况：如助跑时撞到别人身上，跑道不平或太滑，沙坑太硬或有石块，坑沿太高；也见过数例因跳高落地时肩部撞地而引起肩锁关节分离的病例。撑竿跳，除上述创伤外，还可因竿的折断或不正确的落地，而引起头及脊柱的伤害，但较少见。

②预防：要正确掌握技术动作，训练前要认真检查沙坑、跑道。撑竿跳训练前认真检查竿的质量、跳坑的安全条件，起跳后要注意保护。

5. 投掷运动

①常见创伤：投掷项目常见的损伤是肩、肘关节的肌肉、韧带，严重者还可以引起肱骨骨折，主要是投掷技术动作不正确引起的。铁饼运动员由于经常在膝关节蹲位置支撑、扭转用力，引起髌骨劳损。推铅球时，技术有缺点，球从指间向后滑出，引起掌指关节扭伤。掷链球最常见的损伤是斜方肌拉伤。

②预防：注意合理的技术动作，注意掌握运动量。

6. 竞走运动

①常见创伤：竞走运动中，因运动负荷安排不当，膝关节长时间地在一定范围内做屈伸活动，使膝外侧的髂胫束不断地前后滑动，与股骨外联发生反复摩擦，导致膝外侧滑囊损伤。

②预防：合理安排训练，避免单一的训练方法，防止局部负荷过多，这是预防创伤性腱鞘炎的主要措施。同时，运动前做好充分的准备活动；运动中或运动后，对负荷较大或易伤的部位进行局部按摩或热敷，都有利于该伤的预防。

（二）球类运动损伤

我国球类活动比较普遍，篮球、足球、排球在群众中尤受欢迎，因此，球类活动引起的创伤也很常见。

1. 篮球运动

①常见创伤：最常见的创伤是因跌倒、跳起抢球落地不正确（踩在别人脚上或被踩）、急停、急转、冲撞或因场地不平，或场地过滑而引起的急性创伤。外伤最轻的仅仅是一点擦伤，重的可以发生骨折或脱位。一般较常见的有踝关节韧带的扭伤或骨折、膝的韧带半月板损伤、指挫伤及腕部舟状骨骨折。另外，在篮球运动中也可发生慢性创伤，其中最影响运动训练与技术发挥的是髌骨软骨病，其发生主要是由于滑步进攻与攻守、急停与踏跳上篮等局部训练过多所致，应引起注意。

②预防：加强全面训练，避免单打一的训练方法，创造合乎标准的场地条件。同时，应注意运动员的过度疲劳状态，以减少发生创伤的可能性。

2. 足球运动

①常见创伤：足球运动是创伤发生率最高的运动项目之一。外伤程度，最轻的是擦伤，重的可以有骨折、脱位及内脏破裂。损伤中除一般常见的擦伤及挫伤外，踝关节的扭伤最常见。其次是大腿前后肌肉拉伤、挫伤，膝关节损伤又次之。其中半月板撕裂，膝十字韧带撕断，髌骨骨折，髌骨软骨病等虽有但比较少见。

②预防：除加强政治思想工作和遵守全面训练原则外，必须注意使用各种保护装置。训练和比赛时使用绷带裹踝，防止踝扭伤与"足球踝"，开始时踝的动作因不习惯而不太灵活，但换来的是长久的踝灵活。此外，为了预防肘、膝小腿挫裂伤，也应使用护肘、护膝及护腿。

3. 排球运动

①常见创伤：排球运动的损伤，主要集中在肩部、肘部和脚腕部。肩部最主要的受伤原因便是在用力击球时，"肘关节"超过了"肩关节"，使得肩部肌肉和韧带被过分拉长，出现肌肉拉伤的现象。肘部的伤病俗称"网球肘"，其根源是由于"腕部"活动太多而造成的。人体关节中，脚腕部是最易受伤的关节。

②预防：应注意改进错误的技术，遵循训练原则，改善场地卫生条件，使用厚护膝及护腰。在准备活动时，应特别注意肩、膝、腰、指及腕关节的活动。

4. 棒球运动

①常见创伤：最常见的是肩关节周围的软组织伤，肘骨关节病，肱骨的内髁部骨及肌腱的损伤，以及指挫伤。

②预防：在每次运动之前必须进行适当的肌肉热身和肌肉的拉伸活动。棒球的运动服装应该合身和佩戴正确；穿着适当的保护装备，如头盔，手套等；避免劳损，注意训练量和比赛时的不同运动负荷；接球手要求面部戴面具，同时，要求咽喉与胸部之间应该填充保护物；要求每位运动员穿着适当的护具、护踝夹板等。

5. 乒乓球运动

①常见创伤：常见的有肩袖损伤、肱二头肌长头肌腱腱鞘炎、网球肘、肩过度外展综合征（表现为臂丛神经部分麻痹，因肩外展大板扣杀练习过多所致），以及髌骨软骨病。

②预防：因人而异地掌握运动量，避免"单打一"的训练方法。

6. 网球运动

①常见创伤：网球运动因为没有身体接触，受到的伤害程度也许不如足球、篮球等那么严重，最常见的有擦伤、水疱、瘀伤、扭伤、跟腱炎、跟腱断裂、腰疼、网球肘、肩关节痛、肌肉痉挛、肌肉拉伤、踝部韧带拉伤断裂、膝关节疼、半月板损伤等。

②预防：充分准备活动、加强关节力量练习、正确技术动作，膝关节的保护如变向跑、选合适的鞋子、戴护膝。

（三）游泳与跳水运动

游泳与跳水是受人喜爱的体育活动。然而，初学跳水者若是跳水时不注意安全，很容易发生颈椎损伤事故，造成严重后果，甚至导致死亡。

1. 常见创伤

常见的损伤有游泳肩、背部损伤、头部损伤、颈椎损伤、膝关节损伤、耳损伤、手腕损伤、骨折、皮肤疾病、呼吸科疾病、胃肠道疾病等。

2. 预防

为了防止颈椎损伤事故，对初学跳水者，首先要加强安全教育，强调跳水及入水的技术要领，不可在浅水游泳池或在未摸清水底情况的江河湖泊中跳水；练习跳水前的准备活动一定要充分，必须将四肢、腰背、头颈、关节充分活动开。

（四）雪上运动损伤

滑雪运动多在高低不平的山地上进行，并且还有从山上急速滑下和跳板滑雪等动作，这些动作较难掌握。如果疏忽，创伤也较严重，甚至可能造成死亡。

1. 常见创伤

滑雪运动可能发生各种创伤，其中最常见的是膝关节创伤，其次是踝关节损伤、腰椎骨折。此外，滑雪者还常常发生冻伤。

2. 预防

为了预防跳板滑雪时的创伤，必须注意场地卫生设备和用具。训练时，应先在小的或教学用的跳板上进行，待有了良好的训练和技术水平后，再在大跳板上练习。为了预防冻伤，必须穿上合宜的服装和鞋子。允许滑雪运动的气温标准，取决于城市及所在地区的地理位置和当地居民耐寒程度。

（五）射击运动损伤

射击的枪种及比赛种类很多，创伤较少。

1. 常见创伤

如桡骨茎突腱鞘炎，腰肌劳损或姿势性脊柱侧等，尺神经麻痹和肩胛上神经麻痹。另外也常发生震动性耳聋。由于在寒冷的天气或在潮湿的场地上，长时间静止性卧位练习，也常常引起关节风湿症。

2. 预防

加强一般身体训练，特别是腰肌及上肢的肌力练习；避免一次或多次训练课中单一姿势的射击练习。射击时应使用耳塞，注意保暖，如卧射时应着棉衣，铺厚垫子；做好练习前、中、后的辅助及整理活动。由于射击是一种较静止的运动，准备活动不能出汗，否则易伤风感冒或引起关节风湿症，因而其内容应当是动作缓和的活动。另外，在准备活动中，应注意腰肌及上肢的辅助练习。为了消除练习中的静止性疲劳及防止脊柱畸形，练习中间和练习后练体操或太极拳较好。练习后，消除疲劳的内容也可以包括一些活动性游戏。

（六）摔跤运动损伤

1. 常见创伤

在古典式摔跤尤其是自由式摔跤时很容易发生常见创伤，膝关节韧带的牵扯和撕裂、肢体和肋骨的脱位和骨折、脑震荡以及其他较小的创伤，如挫伤、擦伤和撕裂伤。其中耳壳挫伤、软骨炎及撕裂伤较常见。在中国式摔跤中，除上述创伤外，胫骨的创伤性骨膜炎和手的屈指肌腱腱鞘炎，也较多见。

2. 预防

运动员应谨慎地注意自己身体的状况及皮肤，如有擦伤和切裂伤，即须涂上消毒和抗生素药物。在训练和比赛后必须洗澡。垫子套应经常换洗。必须按规定，穿上专门的清洁的鞋。

（七）水上运动损伤

1. 常见创伤

游泳与跳水都可发生意外，其中最严重的是溺死，特别在初学阶段。跳水有时能引起严重的创伤（例如头撞在池底，撞在正在水中游泳者的身上，跳板突出部的打击等）。另外，游泳运动不妥当也会发生一些受伤和事故的情况。如眼球病、皮肤病、外耳炎、腰痛、骨关节痛等症状。

2. 预防

大部分水上运动员的外伤，是因一般身体训练安排不当所致，因此，应特别注意一般身体训练的组织方法。

（八）自行车运动损伤

1. 常见创伤

急性伤较多，最常见的是皮肤擦伤、裂伤、脑震荡、锁骨骨折与启锁关节脱臼等。

2. 预防

要求场地平坦，比赛时路线应预先检查，设交通哨管理交通，车辆安装蛇形橡皮把套，车座要选择大小合适，车辆不能有损坏，运动员练习或比赛时，必须戴头盔等。

（九）击剑运动损伤

1. 常见创伤

击剑的典型创伤有剑击伤、因长期从事击剑运动肌肉不断地牵拉而引起手、膝及肘的慢性创伤、击剑者滑倒摔伤。

2. 预防

运动负荷量应循序渐进，在训练过程中每次持续性击剑时间不应超过 15 分钟。每日练习 2 次，每次 1.5 小时，击剑训练每持续 4~5 天之后，即应改为全身训练 1~2 天，再练习击剑；在练习时应尽量学会放松不必要用力的肌肉，需要用力的肌肉，也只有在必要时再使用，这样就可以节省体力。

二、自我监督

自我监督又称自我检查，就是运动者在体育锻炼过程中，对自己健康状态和生理功能变化做连续观察，防止过度疲劳和运动性损伤发生，更有利于健康水平的提高。经常的自我监督对于增进信心、坚持科学锻炼，防止过量或不足，提高锻炼效果和养成运动卫生习惯等都有重要意义。

自我监督的内容包括主观感觉和客观检查。

（一）精神状态

即运动欲望，正常是精神饱满、精力充沛、自信心强，注意力集中。当情绪低落、心情不佳，则厌烦运动，甚至怕锻炼，此时不能勉强。

（二）自我感觉

正常时自我感觉良好，身体无不适感觉。如运动中或运动后感觉异常疲劳，有头昏、恶心、呕吐、全身无力、肌肉酸痛等不良反应时，应查明原因。

（三）睡眠

良好的睡眠就应是入睡快，睡眠深而少梦，晨醒后头脑清醒，精神状态好。如果入睡慢，容易做梦，睡中易醒，日间无力嗜睡，精力不集中，容易疲劳等，表明存在睡眠障碍。

（四）饮食

体育锻炼能量消耗增大，食欲增加，进食量大。如果运动后不想进食，食量减少，表明运动项目或运动量安排不当或身体健康状态不良。

（五）排汗量

出汗量如和平时无明显差别时，尿量应无大变化。当轻微活动就会大量出汗时，表明疲劳或某些器官功能不良，特别是有自汗和夜间盗汗现象时，表明身体极度疲劳或有其他疾病。

（六）心率

一般在早晨起床前测定晨醒后的脉搏。脉搏应平稳，锻炼一段时间后会稍有下降。如出现晨脉增快，或心律不齐，可能与疲劳和运动过量有关，应注意观察，适当调整运动强度或运动时间。

（七）体重

进行耐力运动时，体重应该是平稳的。但在锻炼初期，由于水分散失和部分脂肪的氧化消耗，可使体重下降2~3千克，以后因肌肉组织增加，体重还会稍回升而保持平衡。如果体重持续下降，表明有超负荷运动造成的疲劳或患有其他消耗性疾病，应做认真观察、辨别、确认，以便采取相应的纠正措施。

（八）肺活量

有条件时，应在运动前做一次肺活量检查。参加有氧运动后，肺活量会增加一些。如肺活量持续下降则表明肺功能不良。

（九）血压、心电图

在有条件时，或某些患有心脑血管疾病者，应定期检查血压与心电图，并做运动前后对比试验，及时调整运动项目或运动强度，以适应锻炼者的实际需要。

三、自我保护

熟悉和掌握必要的自我防护知识，认识自我、了解自我，对于预防损伤、减少受伤的频率有十分积极的意义。

（一）运动场所和用具

合理选择运动的场所和设施，对提高运动效果、运动成绩以及预防意外事故都是很重要的。运动过程中时刻伴随着多种危险因素，例如，运动场所狭小时，常发生碰伤事故等；路面不平则是导致跌伤、骨折、扭挫等外伤的直接原因；长期在硬路面上进行运动可引起下肢关节的慢性损伤；运动用具使用不当或用具存在质量问题时也容易发生事故。为了更好地保证运动效果，防止运动操作和运动中的意外事故发生，应该具备完善的运动场所和运动设施。我国目前的体育设施及公园、健身中心等与经济发达国家相比，要贫乏得多，能随心所欲地利用的、完善的运动设施及场地目前尚不多。因此，每个人都应根据自己周围的具体情况而做出合理的选择。因地制宜、因陋就简地选择空气清新的房前屋后及环境安静的公园、学校的运动场等，并应注意多与大家一起锻炼，这样更能增加运动的兴趣性和提高运动情绪，进而保证运动效果。

（二）运动服装和运动鞋

运动服装和运动鞋应符合各项运动的要求。合适的运动服装和运动鞋是防止运动失误的前提，不应当轻视。因此，运动锻炼时，最好能穿运动服和运动鞋，这样既舒适轻便，有利于做各式动作，又能增加动作美感和自我保护作用。

1. 运动服

要选择宽松、柔软、弹性好的运动衣，还要选择色彩明快、吸水性好的服装。冬、夏装应区别开来，冬季天气寒冷，要穿质地厚的运动衣，以利于运动和保温；夏季炎热，可穿轻而薄或半袖的运动衣，以便于散发热量，如直射日光强时还应戴帽子，并注意尽量减少皮肤的暴露。总之，要根据气候变化选择使用，避免中暑、感冒及紫外线的照射等。

2. 运动鞋

经常慢跑的人，运动鞋的选择非常重要，运动鞋质地的好坏，尺寸是否合适，直接影响足部及下肢关节的健康。良好的运动鞋应具备透气性好、鞋面舒适贴脚和鞋底有弹性等特点。透气性不好的鞋，容易孳生细菌，诱发各种脚气病。鞋里面要平滑柔软，脚趾应有足够的伸展空间，避免脚部与鞋帮产生摩擦，以免跑步时脚部被挤压而擦伤。鞋底要有一定的厚度，有较好的弹性，无弹性的运动鞋容易造成下肢关节疼痛。另外，鞋还要轻，结实耐用，鞋底落地时稳定性好等。有脚气、脚癣的人，还应注意穿棉线袜，鞋垫要保持干净，经常洗、晒。

四、创造经常从事体育活动的条件

实际生活中常有这种现象出现：许多人非常周密地进行了一系列准备工作，结果刚刚开始参加运动不久，就由于某种原因而轻率地中止了运动。现实生活中，能几年、十几年坚持经常性锻炼的人并不很多。造成中断运动的理由主要有：无时间、运动场所远或不理想、同伴中止了运动、没有指导者、家属不支持、健康方面的原因、搬家、调动工作、其他原因等。为了防止出现这种半途而废的运动，可以采取以下措施。

（一）增加对锻炼的兴趣

体育锻炼最有魅力之处在于运动中的乐趣和运动后的爽快舒心之感。为增进健康所进行的体育锻炼，更应选择趣味强的项目，并尽快使锻炼者体验到其乐趣，这一点是很重要的。即使是对健康十分有利的运动项目，但实行起来枯燥无味还不如说是叫人受罪，这样的运动就不能坚持长久。

体育锻炼是一种供人娱乐的形式，也是人类遗传下来的文化遗产。很多人都发现，一旦进入体育锻炼的运动状态，就使人感受到乐趣，指导者和组织者应因势利导，及时把握和激发锻炼者的积极性。一旦人们对体育锻炼产生了兴趣，就会积极地、全身心地投入，提高强身健体的实际效果。

（二）结交运动伙伴

运动伙伴的存在，对于运动的兴趣和持久性有极大的影响。人是有惰性的，若没有坚强的意志及原动力，独立坚持参加体育锻炼是一件很难的事。若有比较知心的友人、同事、邻居一同参加情况就会是两样，相互的陪伴、指点、鼓励既可增强彼此的信心，又可消除孤独感和单调感。特别是跑步锻炼时，更应多结交运动伙伴，增加大家的集体感。这样才能使人精神振奋，运动才能长久坚持下去。

（三）聘请指导者

对于初次参加运动或对运动经验缺少者，应有指导者现场监督进行运动。特别是对于年老并有某种疾病的人来说，其意义更重要。首先是在安全方面的监督与保护；其次是对运动技术方面的示范与指导；再者，指导者的鼓励及帮助，都可增加运动者的自信心，并使运动场面显得活跃有生机。

（四）制定运动目标

运动的目标及运动技巧的提高，对每一个参加运动者来说也很重要。每个人都应有一定的既定目标，例如以减肥为目的的运动，应规定其一周内的体重减少量和1个月乃至3个月的体重减少量等，经常检验运动成绩，使自己做到心中有数，努力向着目标靠近，可尽早达到运动目的。以增进健康、增加体力、提高运动技巧为目的时，其道理雷同。当运动开始后就应该随着自我感觉有选择地向目标方面靠近，这种感觉可变成明天运动的原动力，为此施行定期的医学检查或体力测验，在客观指标上对健康体力的改善给予确认，也对增强运动者的信心有积极意义。

五、消除疲劳的措施

疲劳常用"累"来表示，一般来说谁都有过这种体验。人体活动到一定时候时，组织器官乃至整个肌体工作能力暂时降低的现象叫疲劳。疲劳又分为身体紧张为主的身体疲劳和精神紧张为主的精神疲劳。无论身体疲劳或精神疲劳，都是大脑皮质的保护作用。内环境变化促进了大脑的保护性抑制，疲劳代表着中枢神经系统工作能力的降低。当肌肉活动到某种程度时，能源物质耗竭；血液中代谢产物堆积、内环境稳态失调等因素，都是疲劳产生的原因。由此可见，疲劳是生命体对内外环境适应所做出的反应，也是一种生理性防御反应。从这种意义出发，重视对疲劳的认识和采取措施消除疲劳有相当重要的意义。

运动时人体产生的疲劳是一种综合性的生理过程。它首先伴有内环境的变化和不同生理功能的失调，从而导致中枢神经系统的保护性反应。疲劳的症状大致包括以下三方面：一是自我感觉方面：如全身疲倦、头重、嗜睡、无力等。二是精神方面：如精神不集中、焦躁不安、没有耐性、情绪低落、无兴趣、经常出差错。三是全身方面：面色苍白、眩晕、肌肉抽搐、呼吸困难、口舌干燥、声音嘶哑、腰酸腿疼等。当肌体出现这些疲劳症状时，要及时休息，并对运动内容进行必要的调整，才有利于疲劳的消除。

既然疲劳是由身体活动和精神性刺激的，那么停止进行身体活动和尽快脱离不利环境，无疑是消除疲劳的最好手段。许多研究者将疲劳的消除法划分为两种形式：一种是静止性休息，一种是活性休息。每一种方法都有对身体有利和不利的一面，正确的方法是两种疲劳消除法要结合使用。静止性休息时，诸如良好的睡眠或安静环境下的静坐，都有助于体内各系统功能的自然调整和大脑细胞的暂时性松弛；有助于交感神经紧张的减缓和副交感神经的兴奋，利于肌体休养生息；有助于体力的复原进而促使疲劳消除。但在大多数情况下，用变换肌肉运动的形式作为活动性休息的手段，对消除疲劳是极其有益的。

（一）积极性消除疲劳

研究证明，在疲劳后变换（整理）运动或做些放松动作，都可达到疲劳消除的目的，这种方法就是活动性休息。

1. 神志昏迷、眩晕及恶心的防止

在运动结束后转入低强度、慢节奏的轻活动，心脏的泵血功能保持持续状态，肌体血液循环系统活动无骤然变化，就能防止以上症状的出现。

2. 防止过度换气

停止剧烈运动后，由于运动时欠下的氧量过多会发生急促的大喘气。当肌体转换为轻运动时，氧量的补偿就能达到逐步完成，而不至于出现过度换气现象。

3. 加速血乳酸的排泄

疲劳的原因之一是体内乳酸等酸性物质堆积。通过运动后的整理活动，使流经收缩肌群的血流速度仍不减慢，故能及时地把扩散到血液中的乳酸带走并转化成其他成分，恢复肌体的酸碱平衡。另外，乳酸蓄积和氧债密切相关。乳酸消除率提高，氧债的消除也迅速。

（二）简单消除疲劳法

及时消除疲劳，对维持健康和保证正常生活十分重要。因此在日常生活中，注意调节生活节奏，学会一些简易消除疲劳方法，很有必要。

1. 节假日的生活安排

一般的工作周期是一周。而在工作间歇穿插进休息日，是消除疲劳、防止疲劳进一步

积累的最合理方法。所以，当劳累时一定要利用星期天，对自己进行调整。星期天与其他节假日的活动要安排得有意义一些。比如，脑力劳动者要尽量去户外活动，体力劳动者要干一些轻松愉快的事，中小学生最好到大自然中去呼吸新鲜空气，老年人应与子孙团圆使精神生活得到满足。

2. 保证睡眠质量

睡眠是机体进行生活、工作、运动的支柱和动力。生活的节奏是极其符合大自然的昼夜规律的，即日出而作日落而息，这种作息规律使得身体的各功能协调和谐。保证睡眠质量既是维护正常生理功能的必由之路，也是消除疲劳、恢复精力的积极有效手段。

为了保证睡眠的效果，注意以下事项：

①睡眠要有规律：对保证睡眠质量很重要，特别要养成定时入寝与定时起床的习惯。

②保证有足够的睡眠时间：保证青年人睡眠 7~9 小时，儿童睡眠 10 小时以上。

③睡眠不足时应在白天补足：午睡 30~60 分钟能有效弥补夜晚的睡眠不足，恢复精力和体力。

④优化睡眠环境：适宜的居室温度、湿度以及寝具的舒适程度，对睡眠都有一定影响，应予以注意。

3. 膳食营养的补充

疲劳的一个重要原因是能源物质的耗竭。因此，除积极休息和睡眠之外，还应及时补充膳食营养物质。但要注意膳食平衡原则，不能盲目补充，也不能补充过量。过量的食物还会增加身体的负担，且易造成脂肪的堆积。

4. 沐浴

沐浴使皮肤保持清洁，能改善全身血液循环，加速体内代谢产物排泄和加快疲劳的消除。摄氏 40 度的温水浴对疲劳消除最理想，入浴时间以 20 分钟左右为宜。此外，涡流浴、桑拿蒸气浴以及各类保健浴，对疲劳消除都有一定积极的作用，但必须掌握科学的入浴方法，适可而止。

5. 按摩

以轻手法按摩效果最明显。按摩促进疲劳消除的机理是通过按揉手法，使皮肤和肌肉的血液、淋巴循环加强，穴位刺激还能疏通经络。应该注意的是按摩时间应限制在 30 分钟左右，手法不宜过重。

6. 恢复状况的判断方法

人体是个完整的、有机联系的统一整体。在活动之后，身体所产生的疲劳是综合性的，不仅反映在身体能量物质耗损、生理机能的下降方面，同时也在心理上有一系列反应。而恢复恰好是疲劳的逆向反应过程，判断肌体的恢复状况也应当是全面的、综合的。判断肌体恢复的状况，常用自我感觉法、动作技能分析法、生理机能检查法以及心理机能测定法等。

①自我感觉法：锻炼者在恢复过程中会感到肌肉的沉重、僵硬、酸痛等感觉逐渐减轻或消失。呼吸急促胸部发闷甚至头晕目眩的现象消失。自我感觉轻松自在，有继续锻炼的愿望。

②动作机能分析法：当人体疲劳时，动作的协调性受到严重干扰，动作无力，错误增多，动作准确性下降，平衡能力及动作的稳定性都会减弱，而当体力恢复以后，以上现象都会明显好转。

③生理机能检查法：人体的机能从疲劳状态转为恢复时，各器官系统的生理机能都会显著好转，甚至比疲劳前还有所提高。检查时可采用肌肉力量的测定、呼吸肌耐力的测定、心电图 S~T 段及 T 波的恢复、视觉内光临界频率阈限值的恢复等指标，此外，通过心血管机能的测定也可判断身体的恢复程度。

第四节　体育运动伤害康复与调理

一、中成药

治疗跌打损伤的中成药，具有活血化瘀、消肿止痛的功能。有的专供内服，有的专供外用，但大多数既能内服，又可外用。

（一）常见的中成药种类

1. 内服中成药

①云南白药：具有活血、消肿、止痛、止血的功能。主治跌打损伤，外伤出血。一般每次服 0.2~0.3 克，症状较重的每次服 0.5 克，每日 2~3 次。该药盒内装有保险子，凡遇较重的跌打损伤，可先用黄酒送服 1 粒，但轻症及其他病症不可服用。

②三七伤药片：具有活血、祛瘀、止痛的功能。主治跌打损伤。每次服 3 片，每日 3 次，不可过量。

③三七片：具有散瘀止血、消肿止痛的功能。主治跌打损伤之瘀肿疼痛。每次服3~5片，每日1~2次。

④七厘散：具有活血祛瘀、消肿止痛的功能。主治跌打损伤后瘀滞肿痛。每次服0.6~1.5克，每日1~2次。

⑤跌打丸：具有活血化瘀、消肿止痛等作用。常用于治疗因外伤所致的跌打损伤、皮肤瘀血、皮肤肿痛、肌肉疼痛等症。每次服1丸，每日2~3次。

⑥骨折挫伤散：舒筋活络、接骨止痛、消肿散瘀。用于跌打损伤、血瘀肿痛、闪腰岔气及骨伤劳损等。胶囊剂每次10粒，每日3次，温黄酒或白开水送服。

⑦中华跌打丸：消肿止痛、舒筋活络、祛风活血、止血生肌。用于软组织损伤、挫伤、脱臼、骨折及风湿性关节炎、类风湿性关节炎等。口服：治疗内部受伤，用白酒送服，每次1丸，每日2次。外用：治疗积瘀肿痛，挫韧筋伤、风湿疼痛，用白酒50克调药1丸并加热，外搽患处。

⑧活血止痛胶囊：活血散瘀、消肿止痛。用于跌打损伤、瘀血肿痛。用温黄酒或温开水送服，1次4粒，1日3次。

⑨田三七粉（片）：散瘀止血、消肿止痛。用于咯血、吐血、便血、外伤出血、跌打瘀血、胸腹刺痛。散剂：每日2次，用药液兑服或遵医嘱；片剂：每次3片，每日3次。

⑩伤科跌打片：活血散瘀、消肿止痛。用于跌打损伤、伤筋动骨、瘀血肿痛、闪腰岔气。口服，1次4片，1日2次。

⑪龙血竭粉胶囊：活血化瘀、消肿止痛、收敛止血、生肌敛疮。用于跌打损伤、内伤瘀血、痈疽溃疡、肢体麻木等症。口服，1次4~6粒，1日3次；外用，取内容物适量，敷患处或用酒调敷患处。

⑫伤科七味片：祛瘀消肿、活血止痛。用于急性软组织损伤、骨折及骨关节损伤等。口服，1次2片，1日3次。极量，1次4片，1日3次。

⑬复方伸筋胶囊：舒筋通络、活血祛瘀、消肿止痛。用于骨折恢复期、关节炎、颈椎病、肥大性脊椎炎、肩周炎、坐骨神经痛、慢性关节炎。口服，1次4粒，1日3次。

⑭回生第一丹：具有活血化瘀、消肿止痛的功能。常用于治疗跌打损伤所致的皮肤瘀血红肿、肌肉疼痛等症。每次服0.5~1克；日服2次。

⑮舒筋活血片：具有舒筋活血、通经活络、散瘀等功能。适应于筋骨扭伤所致的四肢拘挛、跌打瘀痛、筋骨疼痛等症。口服每次5片，日服3次。

2. 外用中成药

①万花油：止血止痛、解毒消肿、生肌。用于跌打损伤肿痛、水火烫伤、外伤、出

血，尤适于身体各部位之闭合性损伤而有瘀血肿痛者。用药棉蘸油搽涂患处，每天 2~3 次。

②治伤酊：具有活血祛瘀、消肿止痛的功能。主治扭伤、挫伤。使用时，涂擦患处，每日数次。本品专供外用，切忌内服。

③吊筋药：具有活血化瘀、舒筋活络的功能。主治跌打损伤后伤处疼痛、屈伸不利等症。本品专供外用，不可内服。使用时，用药粉 15 克，以烧酒、面粉、鸡蛋清等调敷患处，每日换药 1 次。

④活血膏：具有消肿止痛、祛风除湿的功能。主要用于治疗跌打损伤之瘀滞肿痛；也可用于风湿痛和神经痛。一般外贴 1~2 天更换 1 次。

⑤正骨水：活血祛瘀、舒筋活络、消肿止痛。用于跌打扭伤和各种骨折、脱臼。运动前后擦用可消除疲劳。先搽于伤口周围作止痛用，再行按摩，每日敷药 2~3 次。凡骨折、脱臼须正骨后始敷此药，并只能搽于伤口周围但忌搽伤口。

⑥驳骨水：活血祛瘀、止血止痛、强筋骨、利关节。用于跌打损伤、骨折脱臼、瘀血肿痛、寒湿痹痛等。挫伤、扭伤可用药棉蘸取药水擦患处，1 日 3~4 次；骨折、脱臼须先复位后，再将药棉浸渍药水敷息处。

⑦跌打膏药：舒筋活络、散瘀止痛。用于跌打损伤、挫伤肿痛、风湿性关节炎。加温化开贴于患处。

⑧伤痛外擦灵：舒筋活络、消肿止痛。用于急性软组织损伤局部瘀肿、疼痛等症。用药棉蘸取药水擦患处，1 日 3~4 次。

⑨正红花油：救急止痛、消炎止血。主治风湿骨痛、跌打损伤、扭伤、刀伤、烫伤、火伤、蚊叮虫咬等。外用适量，涂于患处。

⑩克伤痛擦剂：活血化瘀、消肿止痛。主要用于急性软组织扭、挫伤。外用适量，涂擦患处并按摩至局部发热，1 日 2~3 次。外用药忌入口、眼及皮肤破损处。

⑪奇正消痛贴：活血散瘀、消肿止痛、干黄水、除湿痹。适用性扭挫伤、跌打瘀痛、肩周炎、腰椎病、颈椎病、骨折、骨质增生疼痛、风湿及类风湿疼痛等症。将药垫塑料薄膜揭除，将小管溶液均匀涂在中间药垫表面，敷于患处。

（二）运动伤害的膏药使用的操作方法

第一，清洁皮肤，剃去较长密的毛发。

第二，剪去膏药周边四角，置文火上加温，使之软化后揭开。

第三，根据病情掺入合适药粉，并慢慢挤捏，使掺药与膏药均匀混合。膏药外缘用棉花转上一圈，趁热贴在患处，用胶布或绷带固定。

（三）运动伤害的膏药使用的注意事项

第一，烘烤膏药以柔软能揭开为度，防止粘贴时烫伤皮肤及膏药外溢；掺有麝香药末时，不宜久烤，以免香气散失。

第二，发现皮肤发红，发痒，起疹子或水泡，为过敏所致，应立即取下，暂时停贴。

第三，取下膏药后，随即用松节油或汽油擦拭干净，以免沾污衣服。

二、运动按摩

运动按摩是用专门的手法作用于人体某一部位或穴位，可以提高人体机能、消除疲劳并预防运动损伤。按摩不需要特殊的设备，按摩技巧也容易掌握，非常简单易行，参加体育运动后自我按摩也很实用。

（一）按摩的作用

按摩能改善神经系统的调节机能。小强度、长时间的按摩有镇静作用；大强度、短时间的按摩有兴奋作用。按摩可以减轻心脏负担，促进淋巴循环，可以消除扭伤等引起的肿胀。按摩还能加强局部的血液供给，防治病变肢体的萎缩，这在医院中的中风偏瘫患者中应用非常广泛。在进行大强度的运动后，也许会感觉肌肉酸痛，此时按摩可以放松肌肉，减轻酸痛。运动前按摩，可以促使皮肤血管扩张，加强血液循环，减少运动损伤的发生。经常按摩，还可以提高韧带的柔韧性，提高运动能力。

（二）按摩器具

按摩器具可作为按摩临床辅助医疗用具，常用的有按摩拍、按摩球、按摩轮、按摩梳、电动按摩器具等。

（三）按摩介质

按摩时常可应用介质，能增强疗效，润滑和保护皮肤。常用介质的种类如下：

1. 水汁剂

可用水、姜汁、中药水煎液等。

2. 酒剂

将药物置于75%酒精或白酒中浸泡而成，可用樟脑酒、椒盐酒、舒筋活络药水等。

3. 油剂

由药物提炼而成，常用的有麻油、松节油等。

4. 散剂

把药物晒干，捣细，研末为散，可用磨头散、滑石粉等。

5. 膏剂

用药物加适量赋形剂（如凡士林等）调制而成。历代处方众多，应用也较为广泛。

（四）按摩手法的要求

手法是按摩实现治病、保健的主要手段，其熟练程度及适当地应用，对治疗和保健效果有直接的影响。因此，要提高效果，就要熟练掌握手法的操作技巧。手法的要点在于持久、有力、均匀、柔和，要有渗透作用。

1. 持久

是指操作手法要按规定的技术要求和操作规范持续作用，保持动作和力量的连贯性，并维持一定时间，以使手法的刺激积累而产生良好的作用。

2. 有力

是指手法刺激必须具有一定的力度，所谓的"力"不是指单纯的力量，而是一种功力或技巧力，而且这种力也不是固定不变的，而是要根据对象、部位、手法性质以及季节的变化而变化。

3. 均匀

是指手法动作的幅度、速度和力量必须保持一致，既平稳又有节奏。

4. 柔和

是指动作要稳、柔、灵活，用力要缓和，力度要适宜，使手法轻而不浮，重而不滞。

5. 渗透

是指手法作用于体表，其刺激能透达至深层的筋脉、骨肉甚至脏腑。应该指出的是，持久、有力、均匀、柔和、渗透这五方面是相辅相成、密切相关的。持续运用的手法逐渐降低肌肉的张力，使手法功力能够逐渐渗透到组织深部，均匀协调的动作使手法更趋柔和，而力量与技巧的完美结合，则使手法既有力又柔和，达到"刚柔相济"的境界，只有这样，才能使手法具有良好的"渗透"作用。

（五）常用运动按摩手法

我国中医流传下来的按摩手法非常多，应用较多的有 7 种基本手法。

1. 推摩

①拇指平推法：用大拇指罗纹面或偏峰沿着淋巴流动的方向向前推。适用于头面部及胸腹部四肢。这一方法可以疏通经络、理筋活血、消瘀散结、缓解软组织痉挛。

②手掌平推法：四指并拢，拇指分开，全手接触皮肤沿着淋巴流动的方向向前轻轻推摩。或者用手掌着力，以掌根部为重点，虎口稍抬起，否则会引起疼痛。前一方法可以舒适皮肤、镇静神经系统，一般在按摩开始或结果时使用。后一方法能促进静脉及淋巴回流，提高皮肤温度，消除水肿，一般在按摩中间用。

2. 擦摩

用拇指或四指指腹、大鱼际、小鱼际、手掌、掌根紧贴在皮肤上，作来回直线形的摩动。注意手法要轻柔，由轻而重，再由重而轻，力量均匀，速度可快可慢。这种方法可以用于全身大小各部位，使局部皮肤温度升高，促进血液循环，消除皮下瘀血，有助于消肿及止痛。

①拇指指腹和大鱼际擦摩法：多用于四肢或关节部位。例如擦摩关节时，可以先用两手将膝部或腘窝托住，然后再用拇指指腹和大鱼际进行擦摩。

②指腹擦摩法多用于胸肋部、小关节及肌腱部位。例如在擦摩跟腱时，拇指和四指相对成钳形，钳住被摩擦部位，以拇指为支点，其他四指进行擦摩；或以四指为支点，用拇指进行擦摩。

3. 揉

用拇指或四指指腹、掌、掌根、大鱼际、小鱼际紧贴在皮肤上，作圆形或螺旋形的揉动。移动时手指或手掌不移开接触的皮肤，使该处的皮下组织随手指或掌的揉动而滑动。此法可用于关节、肌腱和腰部。能促进血液循环，加速组织新陈代谢，松解深部组织，使瘢痕组织软化，也可以缓和其他强手法带来的刺激和疼痛。

4. 揉捏

四指并拢，拇指分开，手成钳形，将掌心及各指紧贴在皮肤上，拇指与四指相对用力将肌肉略往上提，沿向心方向做旋转式移动。在前进过程中，掌指不要离开按摩的皮肤，手指不弯曲，用力均匀，避免仅指尖用力。根据需要，也可以双手进行。用双手揉捏时，两手并拢，向同一方向进行。拇指圆形揉的动作很明显，其余四指捏的动作明显，揉与捏是同时进行的，力量要达到肌肉组织。这种方法是按摩肌肉的主要手法，经常用于小腿、大腿、背部、臀部等肌肉肥厚的部位。可以促进肌肉的新陈代谢，防止肌肉萎缩。

5. 搓

用双手掌夹住被搓的肢体两侧，相对用力，方向相反，做上下来回搓动肌肉。动作要轻快协调，双手力量要均匀、连贯，频率要由慢至快，再由快至慢结束。它适用于四肢及肩膝关节，一般在每次按摩的后阶段使用。此法可以使皮肤、肌肉、筋膜松弛，血液流畅，促进组织新陈代谢，消除肌肉酸胀与疲劳，提高肌肉的运动能力。

6. 按压

用拇指、一手或双手的手掌和掌根按压被按摩的部位，停留约 30 秒。用力由轻到重，然后由重到轻。双手按压时双手要并列，或掌叠，或相对。适用于腰背部、肩部以及四肢肌肉僵硬发紧时，也可以用于腕关节。此法可以放松肌肉，消除疲劳，对关节也有整形作用。

7. 叩打

又可以分为叩击、轻拍、切击三种手法。叩打多用于大块肌肉及肌肉肥厚的部位，如大腿、腰部、臀部等。可以畅通血液循环，加强肌肉营养，消除疲劳并调节神经功能。

①叩击时，两手握拳，用小鱼际交替叩打，手指与手腕尽量放松。

②轻拍时，两手半握拳，或两手手指伸直张开，掌心向下进行拍打，指腕放松。

③切击时，两手手指伸直张开，用手的小鱼际侧进行切击。

（六）运动前按摩

运动生理学的研究证明，运动者在训练或比赛之前，某些器官就已发生了变化，如心率加快，收缩压升高，肺气量加大，呼吸频率加快，耗氧量增加，血糖上升，血乳酸增加等，这种状态，在运动生理学上称为赛前状态。一般的比赛规模越大，离比赛时间越近，赛前状态的反应就越明显。

当运动者处于不良的赛前状态时，就会影响体能及技术的正常发挥，尤其是赛前过度兴奋，会导致赛前焦虑，从而影响运动成绩。运动前按摩不仅能调节肌体各系统器官，还能调节神经、精神状态，以适应运动实践所要求的生理和心理上的负担，还能代替需要消耗部分能量的活动，保持充沛的体力，发挥最大的运动能力。

运动前按摩应注意及时调整运动前个体出现的精神情绪偏差，其大致有两种表现：其一，精神不振，情绪抑郁，称为赛前冷淡状态，常伴有四肢乏力、动作别扭、表情冷淡、脉搏缓慢等；其二，过度兴奋，过分紧张，称为赛前亢奋状态，常伴有坐立不安，夜寐不宁，呼吸急促，情绪激动，甚至多尿，影响动作协调等。针对第一种表现，按摩手法宜刚强重着，灵活快速，节律紧凑；针对第二种表现，按摩手法宜轻巧柔和，节律缓慢，时间长短适中。运动前每次按摩 10~30 分钟，一般要求在运动前 15 分钟完成。

1. 赛前振奋法

①推抹面额，捏拿头部：运动员取坐位。用两手以食、中、无名指相并扶持其两侧颞部，以拇指相继交替推抹前额，分推其颌面四线。一手扶持其前额，另一手五指微屈捏拿其头部：从前发际至头顶及后枕部，紧拿慢移 3~5 遍。两手微屈，以五指端叩击头部：前发际到头顶、颞部、后枕部，紧叩慢移 3~5 遍。

②扫散头颞，按振头顶：运动员取坐位。一手扶持一侧颞部，另一手拇指伸直，其余四指并拢微屈，以拇指桡侧端和其余四指指端单向扫散其另一侧颞部：头维、率谷至翳风，节奏明快，左右交替，两侧各 20~30 次。用拇指指腹按振百会穴 5~10 次；以虚掌拍击百会穴 2~3 次。

③拿风池，推桥弓，拿肩井，按膏肓：运动员取坐位。先以拇、食指相对拿两侧风池 3~5 次，继以推抹两侧桥弓、风池、翳风至缺盆。用两手拇指和食、中指相对揉捏，提拿其两侧肩井。柔和而快速，捏 3 提 1，左右交替各 3 次。

④按委中，点环跳、太冲：运动员取侧卧位或仰卧位。用食指的指间关节突起部或肘端着力，点按其环跳，刚中见柔，左右同法 2~3 次。用拇指和食、中指相对点按委中、太冲，左右同法，各 3~5 次。

2. 赛前安神法

①推抹面额，捏拿头部：同"赛前振奋法"。

②扫散头颞，按振头顶：同"赛前振奋法"。

③揉太阳，振攒竹：运动员取坐位或仰卧位。两手张开扶持其两侧头颞部，以拇指指腹揉按其两侧太阳穴，用力轻揉和缓，各 10~20 次。两手拇、食指端按其两侧攒竹，有节奏地持续振颤 2~3 分钟。

④拿风池、推桥弓、拿肩井、按膏肓：同"赛前振奋法"。

⑤横推胸廓，揉摩脘腹：运动员取仰卧位。用手掌面或虎口部横向推擦其胸胁部：锁

骨、胸骨至胁肋，紧推慢移 3~5 分钟。用平掌着力揉摩其脱腹部，顺时针方向，周而复始，升摩轻柔，降摩稳实。操作 2~3 分钟。

⑥推滚腰背，搓摩胸胁：运动员取俯卧位。用手掌面或虎口部、掌根部推、揉其腰背部：大椎至长强各 2~3 遍。用滚法施于腰背脊柱及其两侧：大椎至八修，紧滚慢移 3~5 分钟。用两手指掌面相对搓摩其胸胁两侧：腋下至胁肋，紧搓慢移 3~5 遍。

⑦按揉神门、手三里、太冲：运动员取坐位或仰卧位。用拇指和食、中指相对揉按神门、内关、手三里、阴陵泉、三阴交、太冲各 5~10 次，左右同法。

（七）运动间歇按摩

运动生理学的研究证明，在运动和比赛间歇，所消耗的能量便开始有所恢复。只是恢复的快慢与间歇时间的长短有所不同。在运动间歇，用按摩手法作用于人体相应的穴位和局部肌肉，可以取代单纯的消极休息，及时消除肌体的紧张和疲劳，保持良好的状态，加速完成对后阶段运动负荷的准备，这是现场的准备活动和整理活动的交替结合。

运动间歇按摩应根据运动项目技巧的特点和间歇时间的长短，结合环境条件拟订按摩方案。通常可以不受规范程式的限制，采取灵活机动的应变措施，以局部操作为主，着重于运动负荷较大的组织与部位。手法强度宜轻快、柔和，时间宜短。

1. 揉太阳，捏五经，拿风池

运动员取坐位。一手以拇指和食、中指相对揉按其两侧太阳穴，另一手五指微屈，以五指指腹着力捏拿其头部五经（即督脉和两旁足太阳，足少阳经在头部循行的节段），前发际至后枕部。紧拿慢移，左右同法 0.5~1 分钟。一手扶持其前额，另一手以拇指和食、中指相对着力按拿其两侧风池。先下后上，由轻渐重，操作 2~3 次。

2. 抹前额、振眉头、啄头顶

运动员取坐位。两手张开，以食、中、无名指扶持其头额部，拇指指腹着力相继交替推抹其前额。攒竹至丝竹空穴 10~15 次。一手扶持其后枕部，一手用拇指和食指相对按其两侧眉头攒竹穴，并做节律持续振颤 0.5~1 分钟。两手五指微屈，用指端啄击头顶 30 秒。

3. 摇肩臂，抖上肢，拔伸五指

运动员取坐位。用两手掌面相对搓摩上肢肩、肘至腕段 3~5 遍，紧搓慢移，左右交替。用两手握持其腕掌部，做小幅度的上下持续颤抖 0.5~1 分钟，左右交替。用屈曲的食、中指指间夹紧，拔伸手五指各 1 次，左右交替。

4. 屈髋膝，拔踝关节，摇下肢

运动员取仰卧位。用两手握持其小腿部，做髋、膝关节屈伸活动，并做较小幅度的过伸扳动各 3~5 次，柔缓蓄劲，左右交替。用两手握持其足跟和足部，同时用力做环转旋摇和屈伸扳动各 3~5 次，稳实蓄劲，左右交替。用两手掌面相对搓摩其下肢内外两侧，自上而下，各 2~3 遍，紧搓慢移，左右交替。

（八）运动后按摩

运动后按摩又称恢复按摩。运动是人体内物质大量分解、能量大量消耗的过程。在激烈紧张的训练、竞赛和表演后，通常会出现过度疲劳和过度兴奋状况。其一，大量耗力，过度劳累，主要表现在全身和局部肌肉酸痛、韧带痉挛等。其二，大量耗神，过度兴奋，主要表现在心神不宁、精神紧张、失眠、头痛、纳呆等。

运动后按摩要注意全身系统按摩和主要运动部位局部按摩的密切结合，根据不同的运动，着重于负荷较大器官的部位。对极度疲乏的运动肌体，可以施行全身系统性的恢复按摩，可利于肌体全面消除疲劳和紧张状态，迅速恢复运动能力。手法强度和用量的掌握、手法操作规程的选择，均应个别对待，即根据其所表现的疲劳程度和紧张状况酌定。通常以轻柔缓和手法为宜，一般在晚上睡觉前 2 小时内进行，每次时间约 0.5~1 小时。

1. 推抹面额，捏拿头部

同"赛前振奋法"。

2. 扫散头颞，按振头顶

同"赛前振奋法"。

3. 分推背腰，搓摩胸胁

运动员取俯卧位。用两手掌分推背腰部大椎至长强段各 2~3 次。用两手掌搓摩胸胁两侧腋下至胁肋段 2~3 遍。

4. 按揉足三里，击擦涌泉

运动员取仰卧位。用拇指和食、中指相对按揉足三里 5~10 次，左右交替。用一手握持其足部。另一手虚拳叩击足底涌泉 3~5 次，左右交替。用一手握其足部，另一手用大鱼际侧推其足底涌泉 2~3 分钟，左右交替。

5. 拍叩下肢

运动员取仰卧位，用虚掌、空拳拍叩下肢大腿前、外侧和小腿外侧 2~3 分钟。

（九）按摩异常情况的处理

1. 治疗部位皮肤疼痛

经按摩手法治疗，局部皮肤可能出现疼痛等不适的感觉，夜间尤甚，常见于初次接受按摩治疗者。主要原因在于对老手法不熟练，或者局部施术时间过长，或者手法刺激过重。一般不需要做特别处理，1~2 天内即可自行消失。若疼痛较为剧烈，可在局部热敷。对初次接受按摩治疗者应选用轻柔的手法，同时手法的刺激不宜过强，局部施术的时间亦不宜过长。

2. 皮下出血

在接受手法治疗后，治疗部位皮下出血，局部呈青紫色，出现紫癜及瘀斑。由于手法刺激过强，或运动员血小板减少等所致。微量的皮下出血或局部小块青紫时，一般不必处理，可以自行消退；若局部青紫肿痛较甚，应先行冷敷，待出血停止后，再热敷或轻揉局部以促使局部瘀血消散吸收。

3. 骨折

手法不当或过于粗暴可引起骨折，按摩时运动员突然出现按摩部位剧烈疼痛，不能活动。因此，按摩手法不宜过重，活动范围应由小到大，不要超过正常生理限度，并注意运动员的耐受情况，以免引起骨折。

三、食疗

跌打损伤及扭、挫伤，是体育运动中常见的损伤。跌打损伤轻者伤及肌肤，多于短期内痊愈，只用通常膳食治疗即可；重者伤筋动骨，创面污染，或出血过多，而致血虚气衰，甚至伤及内脏，生命垂危，病期较长，则需膳食治疗辅佐。

（一）药酒方

1. 红花大黄酒

红花、大黄各等份，白酒适量。将红花、大黄加工成粗末，用适量 50 度以上白酒浸泡 10~15 天，滤去药渣，存酒备用。功能活血消肿。治疗各种扭挫伤，肿痛难忍，活动受限者。用药棉蘸药酒涂擦患伤部，每日 3~5 次。

2. 通络酒

柴胡 15 克，制香附 12 克，当归 18 克，赤芍 6 克，白芍 6 克，松子 12 克，五灵脂 15

克，穿山甲 15 克，甘草 9 克，白酒 1 000 克。诸药轧碎，浸于酒中，密封，经常晃动，20天后过滤去渣，即可。功能散瘀活血。适用于新旧跌打损伤，胸胁瘀肿疼痛。每日饮 2次，每次 30 毫升。

3. 紫荆五加酒

肉桂、乳香、没药、木香、闹羊花、羌活各 15 克，川芎、元胡、紫荆皮、五加皮、丹皮、郁金、乌药各 30 克，白酒 500 克。各药共研末，盛纱布袋，置于酒中，隔水煮 1小时。待凉后，去药袋，酒分作 10 份，备用。功能温通经络，活血定痛。适用于跌打损伤、寒湿疝气、血凝气滞、沉疴久病。每次饮 1~3 份，立见痛止。

4. 河蟹酒

大活河蟹 1 对（雌雄各 1），陈年黄酒 1 000 克。用黄酒煮河蟹 30 分钟，取酒分次饮服。功能舒筋止痛。适用于跌伤疼痛。每日 1 次，每次 1 份，温服。服后盖被酣睡 2小时。

5. 舒筋活血酒

老鹳草 150 克，红花 50 克，桂枝 75 克，牛膝 75 克，当归 50 克，赤芍 50 克，白糖2500克，白酒 5000 克。将各药共同捣成粗粒，置酒坛内，倒入 50 度白酒及白糖，密封浸泡，每日晃动 1 次，2 周后开封，过滤去药渣，装瓶备用。功能舒筋健骨，活血通经。适用于跌打损伤，风湿痹症，风寒麻木，腰膝腿痛等。每日 2~3 次，每次 10~20 毫升，温服。

6. 复方红花酒

当归 50 克，红花 100 克，赤芍 50 克，桂皮 50 克，白酒 1000 克。将诸药研成粗末，用 45 度白酒浸泡 14 天，过滤，装瓶备用。药渣可再加酒 500 毫升浸泡，去渣取汁，备用。功能活血祛瘀，温通经络。适用于跌打损伤。口服：每日 3~4 次，每次 10~20 毫升。外用：取酒外擦红肿未破皮患处。

7. 茴香补骨脂酒

小茴香 30 克，补骨脂 30 克，肉桂 30 克，黄酒适量。将诸药共研细末，备用。功能活血理气，益肾。适用于跌打损伤、腰部疼痛等。每日 2 次，每次取药末 6 克，以黄酒适量调服。

8. 大黄杏仁酒

酒大黄 30 克，杏仁 20 粒，黄酒 1 碗。将杏仁去皮、尖，与酒大黄共同加工成细末；

加入黄酒，用文火煎至六成，去渣，备用。功能活血化瘀，解毒。适用于从高处坠落，或木石压伤，致瘀血凝滞，气绝欲死，肿胀疼痛，呼叫不得，以及骨折等。每日1次，顿服。

9. 凤仙花酒

凤仙花90克，红花30克，白矾2克，60度白酒100克。将凤仙花切碎，与红花、白矾同装纱布袋内，扎紧口，浸于白酒中，密封20天，经常摇动，过滤去渣，装瓶备用。功能活血化瘀，消肿止痛。适用于跌打损伤，瘀血肿痛，风湿关节疼痛等。将纱布浸于药酒中20分钟，取出，外敷于伤处；若纱布干时，可随时往纱布上洒药酒液令湿润。每日或隔日1次。

10. 舒筋活血酒

当归6克，川芎3克，红花2克，茜草2克，威灵仙2克，白酒60毫升。诸药为1次量。将各药与白酒同煎，去渣饮酒。功能活血舒筋。适用于闪挫伤，包括皮下组织、肌肉、软组织等挫伤，出现疼痛、肿胀，功能活动障碍等。每日2次，趁温顿服。药渣可外敷患处。

11. 化瘀止痛酒

生地黄汁250克，丹皮30克，桃仁30克，肉桂30克，白酒500克。将桃仁、丹皮、肉桂捣为细末，与生地黄汁同酒煎数十沸，取下候冷，去渣，收贮备用。主治伤损瘀血在腹。每次温饮1~2小杯，每日3次，不拘时。

12. 跌打损伤酒

柴胡、当归、川芎各30克，黄芩、五灵脂、苏木、续断、桃仁、赤芍、骨碎补、红花、三棱各15克，乳香、没药各5克，白酒2500毫升。将各药拣干净，置于酒坛中，倒入50度白酒，加盖密封浸泡30天，滤取清液服用。功能活血化瘀，通络止痛。用于跌打损伤，瘀血肿痛，皮肉青紫等。每日2次，每次15~30毫升，温服。

（二）食疗方

1. 羊血三七末

山羊血50克，田三七10克共研细末。每次0.3克，黄酒适量冲服，日2次。功能活血化瘀，消肿止痛。主治外伤瘀血肿痛。

2. 月季花烧鱼肚

水发鱼肚 600 克放锅内，烧沸炖 1 小时取出切块。另锅将鱼肚入鲜汤 1.5 升中煨 20 分钟，去异味。炒锅上火，放麻油烧，下入调料，放鲜汤，汤沸后取葱、姜，鱼肚挤净原汤，放锅内，小火焖 30 分钟调味。鱼肚勾芡，将月季花 1 朵撕在鱼肚上。另 2 朵月季花放盘内，鱼肚起锅，淋上鸡油，盖花上。烧好服食。主治跌打损伤。

3. 月季凌霄粥

月季花、红花各 5 克与黄酒 100 毫升同入杯，置有水的蒸锅中，隔水加热蒸 20 分钟。温饮每次 30 克，日 1 次。主治跌打损伤。

4. 秋海棠花栗子粥

栗子肉 100 克，粳米 160 克，冰糖 30 克（打碎），秋海棠花 50 克（去梗柄）。栗子肉 100 克去内皮，切碎米粒，与粳米 160 克入锅，加清水适量，旺火烧沸后改小火煮至米熟烂，入冰糖 30 克、秋海棠花 50 克，再用小火略熬煮，熟后服食。主治跌打损伤。

5. 牛膝炖猪肉

土牛膝（倒扣草）100 克加水适量煎 30 分钟，过滤取汁 500 毫升。瘦猪肉丁 200 克与过滤药汁炖至肉烂熟，入冰糖 50 克煮至溶。佐餐食。功能为补肾壮腰。主治跌打损伤，腰肌劳损。

6. 海棠花蒸茄子

海棠花 50 克，紫茄子 3 个，蒜茸、精盐、味精、麻油、食醋各适量。海棠花入锅，加水适量煎沸，去渣后取海棠花汤汁，与紫茄子共放碗中隔水蒸熟，入蒜茸、精盐、味精、麻油、食醋各适量拌匀服食。主治跌打损伤。

7. 四花茶

月季花、玫瑰花、凌霄花、桂花各 1 克与红糖适量同入保温杯，加沸水冲泡，盖紧茶杯盖闷 5 分钟。代茶饮。主治跌打损伤。

四、伤后康复训练

首先是尽量保持全身和未伤部位的训练，例如一侧肢体受伤时锻炼对侧肢体，上肢受伤时锻炼下肢，立位练习受限制时可进行坐位或卧位练习等，避免伤后各器官系统功能状态和健康状况下降。但应注意负担量要适当，不可单纯以加大未伤部位的训练量来代替已伤部位的负荷。

其次，对已伤部位要合理安排锻炼内容和负荷量，做到循序渐进、个别对待和分期进行。急性损伤的早期，伤区可暂不活动，以免肿胀和疼痛加重；急性症状减轻后，在不引起疼痛或疼痛明显加重的情况下，应及早开始活动，进行功能锻炼。

一般地说，急性闭合性软组织损伤在受伤 24~48 小时后可开始功能锻炼，轻伤无明显肿胀者可提早些；损伤较重，肿胀显著者可稍晚些。基本痊愈后，才能参加正常训练。对慢性损伤和劳损，在安排伤后训练时必须先了解损伤的性质、程度和受伤机制，以及局部组织的解剖生理特点，然后再决定康复训练的形式、内容和局部负担量，从对伤情影响较轻的动作开始，逐步过渡到专项训练，要注意循序渐进和个别对待。负荷量的大小，以练习后无明显疼痛，次日原有症状未见加重为宜，一般 5~6 天后若无不良反应，才可考虑适当增加负荷量。

第三，功能锻炼主要是加强伤部肌肉力量和关节功能的练习，促进肌肉和关节功能的恢复。恢复性训练的第一步是开始一系列的关节可动范围及柔软性的改善练习。其中最为简单、有效的一种方法是静止状态的伸展练习，即关节和肌肉在一定的时间内慢慢地做伸展运动。肌肉力量被分为静力和动力两种。强化肌肉力量的方法主要有 3 种：静力训练法、动力训练法、动静力综合训练法。

静力训练法的练习是关节和四肢不动的前提下，通过肌肉的收缩活动使肌肉力量得到强化。简单地说：就是肌肉发挥的力量比所受的抵抗力量要小或者与其相等。在恢复性训练的早期阶段使用静力训练法会有非常明显的效果。

动力训练练习法是指针对一定的抵抗和负荷使肌肉的长度缩短，在关节可活动范围内关节的活动使肌肉力量得到加强。

动静力综合训练法从方法上来说就是动力训练法同可变性抵抗训练法的组合。同其他的动力学的练习方法不同的是抵抗能够得到最大限度的调整，这种训练是通过控制其实施速度来完成的。同动力训练法和可变性训练法相比较，动静力综合训练法的优点是练习的速度。徒手抵抗在恢复阶段对肌肉力量的强化有着非常显著的效果。这种方法不需要任何的器械，而且对于特定肌肉的力量强化也最有效果。其训练法同动力训练法相类似。

肌肉损伤前后形态是否大致相同，如果肌肉的粗细没有变化，那么就可进入肌肉耐力的训练中。肌肉耐力的强化方法与以动力训练法的大负荷、少反复来提高肌肉绝对力量的方法正好相反，即减轻负荷量，增加反复次数。

速度是指肌肉的收缩速度。受伤、变弱、变细的肌肉都不可能很快地进行收缩，如果要获得同受伤前一样的肌肉力量，必须进行提高速度的练习，待患部周围的肌肉力量、肌肉耐力、肌肉速度恢复的时候，各个项目竞技所必需的动作练习也应随之而展开。即技术训练的开始。全身耐力，即体力上最后一个阶段，是从第一阶段柔软性的获得开始就已经进行了。应该看出恢复性训练可以重新创造运动员的身体。

　　最后，要加强伤后康复训练的医务监督，每次训练都要做好准备活动，伤部要使用保护支持带，训练前、后进行按摩，密切观察伤部反应，及时调整负荷量和练习内容。

参考文献

[1]宋兆年,权德庆,国家体育总局.中国体育教练员岗位培训教材:柔道[M].北京:人民体育出版社.2004.

[2]林克明.体育欣赏与训练:武术、柔道、摔跤、散打[M].郑州:郑州大学出版社.2005.

[3]石超.柔道与跆拳道技术指导[M].长春:吉林文史出版社.2006.

[4]钟小燕.柔道技巧[M].北京:中国社会文献出版社.2008.

[5]吴兆祥.体育百科大全 25:柔道运动、跆拳道运动[M].合肥:安徽人民出版社.2010.

[6]张少伟,赵利明,亓永顺.校园体育:柔道空手道[M].长春:吉林出版集团有限责任公司.2011.

[7]聂宜新.百年柔道与上海[M].上海:学林出版社.2013.

[8]王德英,王洪哉.金牌跤师教柔道[M].北京:北京体育大学出版社.2014.

[9]陈立庭.教练之道[M].济南:黄河出版社.2014.

[10]滕素革.当代运动与艺术潮流:柔道与跆拳道技术指导[M].长春:吉林出版集团有限责任公司.2015.

[11]张文杰.大学生体育素质教育:柔道文化与实践[M].北京:北京体育大学出版社.2016.

[12]冯兆坤.青少年柔道专项基本技术技能训练[M].天津:天津科学技术出版社.2017.

[13]邢新强,王利民,张联昌.体育与健康[M].大连:大连理工大学出版社.2017.

[14]沈建敏.体育教学创新与运动训练研究[M].北京:新华出版社.2018.

[15]何文革,高旭东.专项训练发展分析与理论研究[M].石家庄:河北人民出版社.2018.

[16]兰涛.跆拳道训练与体育文化[M].北京:中国政法大学出版社.2018.

[17]何文革.体育训练与康复研究[M].石家庄:河北人民出版社.2018.

[18]刘玉香.跟冠军学柔道:全彩图解视频学习版[M].北京:人民邮电出版社.2019.

[19]史衍.校园身体运动功能训练之学柔道[M].北京:北京体育大学出版社.2019.

[20]刘玉香.青少年柔道运动从入门到精通:全彩图解视频学习版[M].北京:人民邮电出版社.2019.

[21]常德庆,姜书慧,张磊.高校体育教学与运动训练研究[M].吉林出版集团股份有限公司.2020.